Journalistische Praxis

Gegründet von
Walther von La Roche

Herausgegeben von
Gabriele Hooffacker

Der Name ist Programm: Die Reihe Journalistische Praxis bringt ausschließlich praxisorientierte Lehrbücher für Berufe rund um den Journalismus. Praktiker aus Redaktionen und aus der Journalistenausbildung zeigen, wie's geht, geben Tipps und Ratschläge. Alle Bände sind Leitfäden für die Praxis – keine Bücher über ein Medium, sondern für die Arbeit in und mit einem Medium. Seit 2013 erscheinen die Bücher bei SpringerVS (vorher: Econ Verlag). Die gelben Bücher und die umfangreichen Webauftritte zu jedem Buch helfen dem Leser, der sich für eine journalistische Tätigkeit interessiert, ein realistisches Bild von den Anforderungen und vom Alltag journalistischen Arbeitens zu gewinnen. Lehrbücher wie „Sprechertraining" oder „Frei sprechen" konzentrieren sich auf Tätigkeiten, die gleich in mehreren journalistischen Berufsfeldern gefordert sind. Andere Bände begleiten Journalisten auf dem Weg ins professionelle Arbeiten bei einem der Medien Presse („Zeitungsgestaltung", „Die Überschrift"), Radio, Fernsehen und Online-Journalismus, in einem Ressort, etwa Wissenschaftsjournalismus, oder als Pressereferent/in oder Auslandskorrespondent/in. Jeden Band zeichnet ein gründliches Lektorat und sorgfältige Überprüfung der Inhalte, Themen und Ratschläge aus. Sie werden regelmäßig überarbeitet und aktualisiert, oft sogar in weiten Teilen neu geschrieben, um der rasanten Entwicklung in Journalismus und Neuen Medien Rechnung zu tragen. Viele Bände liegen inzwischen in der dritten, vierten, achten oder gar, wie die „Einführung" selbst, in der neunzehnten völlig neu bearbeiteten Auflage vor. Allen Bänden gemeinsam ist der gelbe Einband. Er hat den Namen „Gelbe Reihe" entstehen lassen – so wurden die Bände nach ihrem Aussehen liebevoll von Studenten und Journalistenschülern getauft.

Gegründet von
Walther von La Roche

Herausgegeben von
Gabriele Hooffacker

Weitere Bände in dieser Reihe
http://www.springer.com/series/11722

Peter Welchering · Manfred Kloiber

Informantenschutz

Ethische, rechtliche und technische Praxis in Journalismus und Organisationskommunikation

Peter Welchering
Korrespondentenbüro Welchering
Stuttgart
Deutschland

Manfred Kloiber
Köln
Deutschland

Die Darstellung von manchen Formeln und Strukturelementen war in einigen elektronischen Ausgaben nicht korrekt, dies ist nun korrigiert. Wir bitten damit verbundene Unannehmlichkeiten zu entschuldigen und danken den Lesern für Hinweise.

Journalistische Praxis
ISBN 978-3-658-08718-0   ISBN 978-3-658-08719-7   (eBook)
DOI 10.1007/978-3-658-08719-7

Die Deutsche Nationalbibliothek verzeichnet diese Publikation in der Deutschen Nationalbibliografie; detaillierte bibliografische Daten sind im Internet über http://dnb.d-nb.de abrufbar

Springer VS
© Springer Fachmedien Wiesbaden GmbH 2017
Das Werk einschließlich aller seiner Teile ist urheberrechtlich geschützt. Jede Verwertung, die nicht ausdrücklich vom Urheberrechtsgesetz zugelassen ist, bedarf der vorherigen Zustimmung des Verlags. Das gilt insbesondere für Vervielfältigungen, Bearbeitungen, Übersetzungen, Mikroverfilmungen und die Einspeicherung und Verarbeitung in elektronischen Systemen.
Die Wiedergabe von Gebrauchsnamen, Handelsnamen, Warenbezeichnungen usw. in diesem Werk berechtigt auch ohne besondere Kennzeichnung nicht zu der Annahme, dass solche Namen im Sinne der Warenzeichen- und Markenschutz-Gesetzgebung als frei zu betrachten wären und daher von jedermann benutzt werden dürften.
Der Verlag, die Autoren und die Herausgeber gehen davon aus, dass die Angaben und Informationen in diesem Werk zum Zeitpunkt der Veröffentlichung vollständig und korrekt sind. Weder der Verlag, noch die Autoren oder die Herausgeber übernehmen, ausdrücklich oder implizit, Gewähr für den Inhalt des Werkes, etwaige Fehler oder Äußerungen. Der Verlag bleibt im Hinblick auf geografische Zuordnungen und Gebietsbezeichnungen in veröffentlichten Karten und Institutionsadressen neutral.

Lektorat: Barbara Emig-Roller

Gedruckt auf säurefreiem und chlorfrei gebleichtem Papier

Springer VS ist Teil von Springer Nature
Die eingetragene Gesellschaft ist Springer Fachmedien Wiesbaden GmbH
Die Anschrift der Gesellschaft ist: Abraham-Lincoln-Str. 46, 65189 Wiesbaden, Germany

Vorwort

Vorratsdatenspeicherung, Ausbau der Videoüberwachung, massiver Einsatz von Trackingsoftware – die Bürger werden überwacht auf Schritt und Tritt. Mit den Bürgern werden auch Journalisten bei ihrer Arbeit überwacht.
Der journalistische Alltag hat sich dadurch verändert. Außerdem haben sowohl Sicherheitsbehörden als auch Unternehmen und verschiedene Organisationen ihren Aufwand bei der Journalistenüberwachung massiv verstärkt. Sie wollen verhindern, dass unliebsame Informationen an Journalisten gelangen. Das lässt sich am ehesten durch massive Überwachung bewerkstelligen, mit der auch etwaigen Informanten – und somit den Leuten aus den eigenen Reihen – klar signalisiert und auch kommuniziert wird: Wer auch immer Informationen an Journalisten weitergibt, wird dabei erwischt, und die Konsequenzen werden fürchterlich sein. Vom Verlust des Arbeitsplatzes über strafrechtliche Konsequenzen bis hin zu hohen Schadenersatzforderungen reichen dabei die Instrumente, die gewissensgeplagten Mitarbeitern und Insidern gezeigt werden.
Dennoch fühlen sich immer mehr Menschen – teilweise nach sehr langer und gründlicher Überlegung – veranlasst, Material, das einen mittelprächtigen Skandal belegt, krasses Fehlverhalten von Führungskräften beweist oder Indizien auf klare Rechtsbrüche gibt, an Journalisten weiterzugeben, damit sie einen Rechercheansatz haben und darüber berichten können. Dass die Zahl der Whistleblower zugenommen hat, können wir aus Erfahrung bestätigen. Und wir vermuten dahinter zwei Tendenzen: Mehr Menschen trauen sich, Fehlverhalten aufzudecken, und dieses Fehlverhalten wird häufiger.
Gleichzeitig genießen Whistleblower in Deutschland einen völlig unzureichenden Schutz. Die übergriffige Art, mit der Sicherheitsbehörden versuchen, über Maßnahmen wie Hausdurchsuchungen, Beschlagnahmen und Überwachungen Informanten von Journalisten zu enttarnen, zählt inzwischen zum Alltag. Diejenigen Mitarbeiter der Sicherheitsbehörden, vor allen Dingen in den Geheimdiensten,

die mit diesen Übergriffen gegen Journalisten auf Informanten zielen, fühlen sich häufig von der Politik unterstützt.

Die Art, mit der der Paragraph 202 d StGB (Datenhehlerei) von Politikern der Großen Koalition in nahezu rekordverdächtiger Zeit regelrecht durchgepeitscht wurde, spricht da für sich. Die Selbstverständlichkeit, mit der inzwischen sogar schon kommunale Verwaltungen nicht wenig Geld für die Beauftragung von Detekteien, Sicherheitsunternehmen und Rechtsanwälten mit sogenanntem „Sicherheitshintergrund" ausgeben, um ihnen unangenehme Berichterstattung schon im Vorfeld zu unterbinden, ist ein weiteres Indiz für den Ernst der Lage.

Informanten sind in Deutschland nicht nur weitgehend ungeschützt, sie gehen ein hohes Risiko ein, wenn sie Journalisten dabei helfen, ihre Wächterfunktion wahrzunehmen. Das hat auch damit zu tun, dass deutsche Sicherheitsbehörden gern mit Partnerorganisationen in aller Herren Länder kooperieren und das von den politischen Aufsichtsgremien bewusst nicht oder nur unzureichend wahrgenommen wird.

Würden die verantwortlichen Politiker in den Aufsichtsgremien dies wahrnehmen und entsprechend handeln, dann würde das viel Arbeit und so manche Unannehmlichkeit mit sich bringen. Es gibt nur wenige, zu wenige, Ausnahmen. Das haben die diversen NSA-Untersuchungsausschüsse klar gezeigt. Werden solche Kooperationen hingegen von Politikern in Aufsichtsgremien toleriert, zeigen sich die Dienste auch schon einmal erkenntlich.

Informationen über den politischen Gegner oder auch über potenzielle oder tatsächliche Abweichler in den eigenen Reihen sind da ja immer willkommen und lassen sich politisch geschickt recht effizient einsetzen. Die befreundeten Dienste und Partnerorganisationen hingegen sind nicht zimperlich, wenn es darum geht, den eigenen Laden „abzudichten". Was wir im Sommer und Herbst 2015 bei Recherchen über Schlepperorganisationen erlebt haben, hat selbst unsere Albträume überboten.

Informanten sind aber auch deshalb gefährdet, weil wir Journalisten unsere Arbeit nicht richtig machen und sie nicht so umfassend schützen, wie es eigentlich geboten wäre. Ein nicht gerade geringer Teil der Kolleginnen und Kollegen interessiert sich einfach nicht für ein Thema wie den Informantenschutz.

Ganz düster sieht es da bei den Kollegen aus, die für Regional- und Lokalzeitungen arbeiten. Entweder haben sie sich von ihrer Wächterfunktion bereits verabschiedet, weil die Zeit für Recherchen fehlt, der Verleger dadurch seine Geschäfte gefährdet sieht oder die Verwaltungsfürsten in ihrem Berritt Entsprechendes vorgegeben haben. Egal ob es sich um radioaktive Abfälle auf kommunalen Müllkippen, verschwundene Gelder, veruntreute Millionen, Korruption im Amt, gelegentliche Geschenke öffentlichen Eigentums an gute Freunde oder um dubiose angebliche

Steuersparmodelle als Public-Privat-Partnership handelt, in den Rathäusern, Landratsämtern und Regierungspräsidien herrscht hierzulande in viel zu vielen Fällen das Gesetz der Bananenrepublik. Investigative Recherchen, die nur mit Hilfe von Informanten möglich sind, bleiben hier aber aus. Whistleblower, die aufgrund schludriger Arbeit von Journalisten aufgeflogen sind, gibt es hier am meisten zu beklagen.

Informanten sind weiterhin auch deshalb gefährdet, weil Journalisten – das gilt auch für Journalistinnen – oftmals davor zurückscheuen, entsprechende Schutzmaßnahmen zu ergreifen, weil ihnen das alles viel zu kompliziert ist. Verschlüsselung zum Beispiel – da fühlen sich nicht wenige Kolleginnen und Kollegen gleich an die bösen Zeiten des Mathematikunterrichts erinnert und lassen das dann lieber sein.

Beim Informantenschutz in Deutschland haben wir also wirklich viel zu tun. Deshalb soll dieses Buch einen Überblick über Gefährdungslagen und über die entsprechenden Schutzmaßnahmen und Abwehrmethoden in solchen Fällen geben. Informantenschutz ist in erster Linie eine Frage des Bewusstseins und der richtigen Risikoeinschätzung. In zweiter Linie ist der Schutz der Whistleblower eine Frage der Technik und des korrekten Methodenansatzes. Techniken und Methoden des Informantenschutzes haben wir deshalb an Praxisbeispielen aus unserer alltäglichen Recherchepraxis dargestellt.

Das kommt nicht nur der Vorliebe von älteren Journalisten für Anekdoten aus ihrer beruflichen Praxis entgegen, sondern hat vor allen Dingen den Vorteil, dass die Schilderung von Technik und Methode nicht theoretisch bleibt, sondern ganz anwendungsbezogen und leicht verständlich daher kommen kann. Wir wollen damit von vornherein der Ausrede, das sei alles viel zu kompliziert, den Boden entziehen.

Informantenschutz ist nicht kompliziert, sondern eine Frage der Verantwortung. Außerdem können wir mit den Beispielen aus der eigenen Recherchepraxis auch gleich aufzeigen, dass Informantenschutz als berufliche Praxis und das Privatleben von Journalisten durchaus als zwei völlig verschiedene Bereiche voneinander getrennt werden können. Wir sind auch in Zeiten etwas intensiverer Überwachung unserer beruflichen Tätigkeit nicht paranoid geworden und haben uns auch keinen Aluhut gekauft.

Den Plan zu diesem Buch haben wir im Herbst 2013 gefasst, mit Gabriele Hooffacker im Frühjahr 2014 besprochen und sind dann im Herbst 2014 an die Arbeit gegangen. Das Buch erscheint jetzt mit einer fast einjährigen Verspätung. Dafür sind einige sehr aktuelle Recherchefälle verantwortlich, die wir zum Teil noch in das Buch einarbeiten konnten. Daran Anteil hat aber auch ein Tumor, der die Arbeitspläne von Peter Welchering massiv durchkreuzt hat. Deshalb wollen wir auch nicht nur Kolleginnen und Kollegen unseren Dank abstatten, die uns mit Rat und Tat bei diesem Buchprojekt zur Seite gestanden haben, sondern auch dem Arzt Kai Peter Schlegel, der durch seine an Welchering ausgeübte medizinische Kunst dazu beigetragen hat, dass dieses Buch überhaupt noch fertiggestellt werden konnte.

Im Buch sind einige Experten zitiert. Diese Zitate stammen allesamt aus Interviews, die wir mit diesen Fachleuten in aller Regel für Beiträge geführt haben, die im Deutschlandfunk zu hören waren. Auch unseren Gesprächspartnern, die uns nicht nur O-Töne, sondern auch so manchen Tipp gegeben haben, schulden wir Dank. Ebenso den Mitarbeitern der Sicherheitsbehörden, die uns mit Interna vertraut gemacht haben und die uns mehrfach versichert haben, wie wichtig sie die Arbeit von Journalisten finden, damit auch so manche skandalöse Entwicklung in den Nachrichtendiensten abgestellt werden kann. Das geht nur mit der Hilfe couragierter Informanten.

Dank an die Herausgeberin der Reihe, Prof. Dr. Gabriele Hooffacker, für ihre Geduld, dasselbe gilt für Barbara Emig-Roller, Cheflektorin Medien bei Springer VS, aus nämlichem Motiv. An viele Kolleginnen und Kollegen des Funkhauses Köln von Deutschlandradio geht unser Dank für Unterstützung. Herausheben wollen wir hier Uli Blumenthal, den Redaktionsleiter von Forschung aktuell, der uns während der vergangenen fast zwanzig Jahre bei so manchen kniffligen Recherchen eine kollegiale Unterstützung gegeben hat, die ihresgleichen sucht. Anja Arp und Gerta Brandt-Welchering haben das Buch im Alltag entstehen sehen und diesen Prozess mitgetragen – auch dafür: Danke. Hannchen Evers als unsere erste Test-Leserin sei auch erwähnt und in den Dank eingeschlossen.

Köln, Stuttgart und Ostfriesland   Manfred Kloiber und Peter Welchering
im August 2016

Inhaltsverzeichnis

Die tägliche Datenspur 1

Grundlagen des Informantenschutzes 9
    Demokratie funktioniert nicht ohne Informantenschutz................10
    Gastbeitrag von Sara Ohr und Professor Dr. Rolf Schwartmann..........12
    Die medienethische Begründung des Informantenschutzes..............20

Datenspuren bei der Recherche und ihre Analyse..................... 25

Informanten im Netz schützen 31

Der PC und seine verräterischen Spuren 43

Surfen ohne Spuren.. 57

Mail verschlüsseln 77

IT-Grundschutz ist Informantenschutz............................... 93

Sichere Kommunikation mit Informanten 105

Heikle Besuchsvorbereitungen für Informanten-Treffen.............. 117

Quo vadis, Informantenschutz?..................................... 133

Die tägliche Datenspur

Zusammenfassung

Journalisten hinterlassen Spuren, wie alle Menschen, die sich bewegen. Doch wenn Journalisten Spuren hinterlassen, dann kann aus diesen Spuren auf unsere Informanten und Quellen geschlossen werden. Damit wir diese schützen können, müssen wir wissen, welche Datenspuren wir als Journalisten hinterlassen und wann wir das vermeiden sollten.

Schlüsselwörter

Überwachungsbeispiele · Rechercheplanung · Datensammlung · Kennzeichenscanning · tägliche Datenspur

Wer sich bewegt, hinterlässt Spuren. Winnetou wusste das, die meisten Journalisten in Deutschland scheinen dieses Wissen nicht beachten zu wollen. Bei den Vorarbeiten für dieses Buch haben Manfred Kloiber und Peter Welchering mit etwas mehr als 300 Kolleginnen und Kollegen über ihre Methoden des Informantenschutzes gesprochen.

Zwei Ergebnisse haben dabei mächtig überrascht. Zum einen kümmern sich die meisten befragten Journalisten überhaupt nicht um einen effektiven Informantenschutz und sichern sich und ihre Informanten auch bei ihren Recherchen so gut wie gar nicht ab. Zum zweiten ist der überwiegenden Mehrheit der Journalisten gar nicht klar, welche Daten sie Tag für Tag hinterlassen und was diese Daten über ihre Arbeit, die Themen, an denen sie gerade arbeiten, und über ihre zahlreichen Kontakte und Informanten aussagen.

Die fehlende Sensibilität vieler Journalisten ist die eigentliche Gefahr für Informanten. Und da Journalisten ohne Informanten ihre Wächterfunktion so gut wie nicht wahrnehmen können, liegt in diesem unsensiblen Umgang mit den eigenen Daten auch eine große Gefahr für unser demokratisch-republikanisches System der „Checks and Balances".

Beginnen wir also mit der Herausführung der Journalisten aus der selbstverschuldeten Datenunmündigkeit und schauen uns einmal an, welche Daten an nur einem Tag im Leben des Journalisten Peter W. anfallen, wie relevant diese Daten für die journalistische Arbeit sowie für den Schutz von Informanten sind und was Unternehmen und Sicherheitsbehörden aus diesen Daten herauslesen und wie sie Informanten damit enttarnen können.

Die persönliche Datenspur beginnt oftmals schon beim Aufwachen, genauer gesagt: mit dem Wecken. Hin und wieder lässt sich der Journalist Peter W. nämlich von seinem Smartphone daran erinnern, dass es an der Zeit ist aufzustehen. In diesem Fall sendet das Smartphone die Weckzeit an die Server wahlweise von Google oder Apple. Der Hinweis, dass Nachrichtendienste nicht auf diese Server zugreifen können, darf getrost in das Reich der Märchen verwiesen werden, ebenso die Annahme, dass Sicherheitsbehörden solche Daten nur für Zwecke der Gefahrenabwehr verwenden und nicht an Bekannte in „befreundeten" Unternehmen verkaufen.

Am Rande einer Verfassungsschützerkonferenz im Jahr 2011 erfuhr Peter Welchering beispielsweise von einem mächtig frustrierten Mitarbeiter der Sicherheitsabteilung eines Waffenherstellers spätabends an der Hotelbar, welche Daten im Zuge einer Recherche über Waffenverkäufe nach Syrien dieses Unternehmen von wohlgesinnten Mitarbeitern der Sicherheitsbehörden erhalten hat. Die Weckzeit war noch ein ziemlich harmloses Datum, gibt aber durchaus Hinweise auf anstehende Informantentreffen.

Ist die sogenannte Standortübermittlung nicht ausgeschaltet, übermittelt das Smartphone nicht nur, wann sein Besitzer geweckt werden möchte, sondern auch wo. Und das kann für die „Zielobjekte" einer Recherche eine wichtige handlungsleitende Erkenntnis sein. Sie können der Abweichung vom Wohnort zum Beispiel entnehmen, dass der Journalist mit seinem Smartphone in einem Hotel, also auswärts, nächtigt, und das ist allemal ein Hinweis auf eine erhöhte Wahrscheinlichkeit für ein Informantentreffen oder andere Recherchetätigkeiten. Auch die Organisierte Kriminalität hat Zugang zu solchen Servern und mithin den dort verarbeiteten persönlichen Daten.

Nach dem Aufstehen ist es für viele Journalisten zur Gewohnheit geworden, sich auf Nachrichtenportalen und auf Twitter einen Überblick über die aktuelle Nachrichtenlage zu verschaffen. Dieses Leseverhalten wird kontinuierlich getrackt.

Spezielle Dienstleister werten das Leseverhalten einzelner Nutzer aus. Identifiziert werden diese Nutzer nicht nur von Nachrichtendiensten, sondern auch von Auskunfteien, über sogenannte Selektoren. Internet-Protokolladressen in Verbindung mit einem Profil der auf diesem Rechner oder Smartphone installierten Software, die Gerätenummer des Smartphones oder der Fingerprint des Browsers mit seinen Plug-ins führen zur Identität des Endgerätenutzers. So verrät das morgendliche Nachrichtenlesen bereits während des Frühstücks, welche der Themen der Twitter oder Nachrichtenportale nutzende Journalist besonders wichtig findet. Lesedauer, kommentierende Anmerkungen und Interaktionen wie etwa der Klick auf Links, Fotos oder Profilfelder ergeben ein eindeutiges Bild der Interessenlage.

Weitere Verbindungs- und Metadaten erzeugt der Journalist Peter W. dann, weil er bereits zum Frühstück die über Nacht eingetroffenen Mails überfliegt und ganz wichtige auch beantwortet. Auf einer Interpol-Konferenz im Jahr 2002 in Lyon führte der damalige Leiter der Cybercrime-Analyse in seinem Vortrag aus, dass zu Frühstückszeiten oder direkt nach dem Aufstehen erzeugte Verbindungsdaten in der Priorität um Faktor 30 höher bewertet werden als Verbindungsdaten, die zu üblichen Bürozeiten entstehen.

Das Verhaltensmodell dahinter geht davon aus, dass Personen, mit denen direkt zu Tagesanfang kommuniziert wird, eine hohe persönliche Priorität oder eine hohe sachliche Dringlichkeit haben. Maile also nie mit Informanten zu Frühstückszeiten, erst recht nicht, wenn dein Smartphone-Wecker angibt, dass du im Hotel genächtigt hast.

Nach dem Frühstück fährt Peter W. in sein Büro. Zuvor schaut er in seiner örtlichen Sparkassenfiliale vorbei und wappnet sich mit 150 Euro aus dem Geldautomaten für die Dinge, die da in den kommenden Tagen passieren mögen. Die Höhe des am Geldautomaten abgehobenen Betrages, den Ort der Abhebung und natürlich den genauen Zeitpunkt speichert das Rechenzentrum des Geldinstituts von Peter W.

Diese Daten werden im Bedarfsfall nicht nur von den Finanzbehörden abgefragt, weil sie wissen wollen, ob der Journalist Peter W. ein steuerehrliches Leben führt, sondern auch von Sicherheitsbehörden. Man-in-the-Middle-Attacken auf Geldautomaten respektive deren PCs und das Einschleusen von Spionagesoftware über die zu Wartungszwecken angebrachte USB-Schnittstelle sind in der Vergangenheit des Öfteren auch von kriminellen Gruppen vorgenommen worden. So etwas zählt inzwischen zum Standard der Organisierten Kriminalität.

Für die Fahrt ins Büro nutzt Peter W. wahlweise das Auto oder den öffentlichen Personennahverkehr. Während der Fahrten ins Büro oder abends nach Hause bleibt er nicht zuletzt durch sein mitgeführtes Smartphone „datenkundig". Denn sein Smartphone sucht ständig nach der nächst erreichbaren Mobilfunkstation.

Allein über diese Daten kann der Weg ins Büro genau nachverfolgt werden. Allerdings sind die Sicherheitsbehörden nicht allein darauf angewiesen. Peter W., der im beschaulichen Remseck am Neckar wohnt und sein Büro in der Stuttgarter Innenstadt hat, ist regelmäßig mit zwei Kontrollstellen konfrontiert, an denen auch KFZ-Kennzeichenscanner eingesetzt werden, nämlich am Freizeitpark in Kornwestheim und am Ende der B-27-Brücke in Stuttgart unmittelbar vor dem Abzweig in die Heilbronner Straße.

Die Kennzeichenscanner senden das eingescannte KFZ-Kennzeichen, ihren genauen Standort, die Fahrtrichtung des KFZ und den genauen Zeitpunkt des Scanning je nach Auftraggeber dieser Überwachungsaktion an unterschiedliche Server. Typische Auftraggeber sind die Staatsschutzabteilung des Landeskriminalamtes, das Bundeskriminalamt, das Landesamt für Verfassungsschutz, der militärische Abschirmdienst, das Bundesamt für Verfassungsschutz, das zuständige Polizeipräsidium oder der Bundesnachrichtendienst, der nur bei Verfolgung ausländischer Agenten oder Terroristen nach einem umfänglichen Genehmigungsverfahren tätig werden darf, was ihn aber nicht davon abhält, auch auf diesem Gebiet ausgesprochen aktiv zu sein – zum Teil über Dritte. Private Dienstleister haben sich in diesem Bereich inzwischen recht gut etabliert.

Sie bieten ihre Scanning Services nicht nur Behörden an, die nicht in Deutschland tätig sein dürfen, sondern auch Unternehmen und Organisationen, die diese Erkenntnisse für ihre Geschäftszwecke benötigen. So scannt ein Sicherheitsunternehmen in unregelmäßigen Abständen alle KFZ im Umfeld der Patch Barracks der US Army in Stuttgart. Wer zu langsam an den US Installations vorbeifährt, erhält einen Eintrag im entsprechenden Datenfeld als potenzieller Gefährder.

Nun fährt Peter W. aber auch des Öfteren mit der S-Bahn oder einem Regionalzug zur Arbeit In diesem Fall zeichnet ihn die Videoüberwachung am Ludwigsburger Hauptbahnhof auf. Die Kameras in der S-Bahn, im Regionalzug filmen ebenfalls.

Auch die Kameras im Stuttgarter Hauptbahnhof erfassen den Journalisten auf seinem morgendlichen Weg zur Arbeit. Über eine Gesichtserkennung ist der Journalist leicht zu identifizieren. Die mitgespeicherten Aufnahmeorte und die Aufnahmezeiten erlauben es, ein lückenloses Bewegungsprofil anzufertigen.

Im Büro angekommen, schaltet Peter W. die Alarmanlage aus. Monatlich erhält er einen Bericht des beauftragten Sicherheitsdienstleisters, in dem alle Daten zur sogenannten Unscharfschaltung bzw. Scharfschaltung der Alarmanlage aufgeführt sind. Aus Sicherheitskreisen weiß Peter W., dass Sicherheitsbehörden und Dienste sich solche Scharfschaltungsdaten bzw. Unscharfschaltungsdaten von Alarmanlagen übermitteln lassen, um Aufenthalte in Büros zuordnen zu können.

Trifft er einen wichtigen Informanten lässt der Journalist deshalb die Alarmanlage ausgeschaltet und hat auch die Rufweiterleitung seiner Telefonanlage deaktiviert. Kriminelle Organisationen hacken sich nicht nur auf die Server von Sicherheitsdienstleistern ein, um über die Scharfschaltungsdaten Büroeinbrüche vorbereiten zu können, sondern auch, um Bewegungsprofile einzelner Zielpersonen vervollständigen zu können.

Im Büro angekommen, hinterlässt Peter W. die breite Datenspur eines jeden Wissensarbeiters. Er schreibt E-Mails und telefoniert. Dabei fallen Verbindungsdaten an. Er surft auf Webseiten, um erste Informationen einzuholen. Dabei wird sein Surfverhalten getrackt. Unternehmen und Behörden können so wissen, welche Informationen ein Journalist auf ihrer Website eingesehen hat und daraus Schlussfolgerungen über seine Recherchen ziehen.

Bei den Vorarbeiten zum Buch „Bits und Bomben", das Peter W. mit zwei Kollegen im Jahr 2012 veröffentlicht hat, recherchierte er zum sogenannten „vireninduzierten Atomschlag", der in den Cyberabteilungen vieler Armeen zum Standardwerkzeug gehört. Er wollte wissen, ob auch die Cybereinheit der Bundeswehr Pläne oder sogar schon fertig entwickelte Schadsoftware für einen solchen vireninduzierten Atomschlag in den Schubläden oder auf den Festplatten hätte.

In diesem Zusammenhang informierte er sich auf der Website des Verteidigungsministeriums über die Cybertruppe der Bundeswehr und die Unterstellungsverhältnisse. Anschließend vereinbarte er einen Termin für ein Hintergrundgespräch mit einem Ministeriumssprecher. Erst Monate später gelang es ihm, einen Kontakt in die Tomburg-Kaserne in Rheinbach bei Bonn herzustellen und mit Angehörigen der Cybertruppe direkt zu sprechen. Bei einem dieser Gespräche erhielt er Einsicht in das Briefing Book, das die Pressestelle des Verteidigungsministeriums über den recherchierenden Journalisten verfertigt hatte.

Ziemlich detailliert war dort auch verzeichnet, welche Dokumente und Seiten er sich bei seinem Besuch der BMVg-Website angesehen hatte und welche Schlüsse daraus gezogen werden können.

Auch was Journalisten in Suchmaschinen eingeben ist für Sicherheitsbehörden und für Unternehmen interessant. So manche Recherche in allen ihren Fortschritten und Misserfolgen war für interessierte Dritte allein aufgrund der Suchbegriffe und ihrer Auswertungen ohne weiteres nachvollziehbar.

Am späten Vormittag reist der Journalist Peter W. nach Ulm. Er will einen Informanten treffen, der ihm Details zu Lieferungen von Überwachungssystemen eines deutschen Herstellers an das Assad-Regime in Syrien zur Verfügung stellen will. Mit dem Auto zum Treffpunkt zu fahren, den er zuvor datensparsam per Postkarte bestätigt hat, verbietet sich angesichts des großen Interesses unterschiedlicher Dienste am Thema.

Die Anonymität des Informanten wäre durch KFZ-Kennzeichenscanning gefährdet Deshalb nimmt Peter W. den Zug nach Ulm. Er löst allerdings kein Ticket, denn das wäre für nahezu beliebige Sicherheitsbehörden und Dienste nachvollziehbar, selbst wenn er den Fahrkartenautomaten mit Bargeld füttern würde. Die Überwachungskamera würde ihn bei dieser Transaktion verraten. Mit einer Bahncard100 dagegen ist das Problem elegant gelöst, weil seine Bahncard100 keine Datenspuren mehr hinterlässt.

Allerdings muss er zuvor zum Hauptbahnhof in Stuttgart kommen. Er läuft von seinem Büro zum Bahnhof, denn in der S-Bahn wäre wieder das Kameraproblem virulent. Auf seinem Weg zum Hauptbahnhof meidet er Straßen, in denen öffentliche oder private Videokameras hängen.

Mit der Zeit ist eine Art Überwachungskataster entstanden das die Standorte und Ausrichtungen der Videokameras genau verzeichnet. Am Stuttgarter Hauptbahnhof gibt es drei Zugangswege, die nicht videoüberwacht sind. Im ICE, mit dem Peter W. nach Ulm fährt, gibt es auch keine Überwachungskamera. Die Situation in Sachen Videoüberwachung am Zielbahnhof hat er bereits seinem Überwachungskataster entnommen.

Hier tauschen sich einige Dutzend Journalisten regelmäßig über aktuelle Kamerastandorte an Bahnhöfen und anderen Verkehrsbauwerken aus. Der Weg aus dem Bahnhof ist also datenspurenfrei. Zum Treffpunkt selbst nimmt Peter W. dann ein Taxi und zahlt selbstverständlich in bar.

Keinerlei Audioaufnahmen oder ähnliche Mitschnitte fertigt Peter W. während des Treffens an. Auch Interviews mit Informanten, die anonym bleiben wollen, verbieten sich. Wieder zurück im Büro erledigt Peter W. noch einige Banküberweisungen online. Dabei fallen natürlich interessante Daten an. Wann er mit dem Server des Bankenrechenzentrums verbunden war, wie viele und welche Art von Datenpäckchen er dorthin geschickt oder vom Bankenserver empfangen hat.

Alle dieser Metadaten sind mehr oder weniger frei verfügbar Aus diesen Daten dann zu rekonstruieren, welche Überweisungen der Journalist an wen mit welchem Buchungstext vorgenommen hat, ist nur eine Frage des Aufwandes. Wer diesen Aufwand treiben will, kann diese Informationen erhalten. In technischer Hinsicht ist das kein Problem.

Wer dann noch einige Bücher zum Beispiel in einer wissenschaftlichen Bibliothek online bestellt, verrät weitere Einzelheiten über seine Arbeitsschwerpunkte. Auch hierzu gibt es die entsprechende Anekdote. Denn tatsächlich wurde Peter W. im Herbst 2012 von zwei Regierungsmitarbeitern der Vereinigten Staaten von Amerika nach der Kontrolle durch den Immigration Officer im Flughafen von Los Angeles über seine derzeitigen Arbeitsschwerpunkte befragt.

Dabei haben ihn die Regierungsbeamten nicht nur mit den erwartbaren Informationen aus seiner überwachten Mailkorrespondenz konfrontiert, sondern auch mit der Tatsache, dass er sich ein Buch mit der Signatur 59/22 über den CIA-Informanten Rafid Ahmed Alwan über mehrere Monate aus der württembergischen Landesbibliothek ausgeliehen hatte. Rafid Ahmed Alwan hatte mit seinen Angaben über angebliche Biowaffen des irakischen Diktators Saddam Hussein ganz maßgeblich zum Irak-Engagement der USA beigetragen. Was er denn in journalistischer Hinsicht bei der Lektüre dieses Buches gelernt hätte, wollten die durchaus höflichen Regierungsmitarbeiter in Erfahrung bringen.

Auch für die Buchlektüre interessieren sich die Nachrichtendienste also Und nicht nur dafür. Das Einkaufsverhalten einer Zielperson im Supermarkt gibt ganz außerordentliche Aufschlüsse über ihre etwaigen Schwachstellen. Ein Mitarbeiter des französischen Auslandsgeheimdienstes hat vor einigen Jahren während eines Hintergrundgesprächs eingeräumt, dass zum Beispiel Rabattdienste gern ausgewertet werden, um in Erfahrung zu bringen, ob zum Beispiel eine bestimmte Zielperson alkoholabhängig ist.

Diese Aussage lässt sich leicht mit einem unaufwändigen Text überprüfen. Man kaufe über mindestens sechs Monate (Mindestbeobachtungszeitraum) regelmäßig alle zwei bis drei Tage eine Flasche Wodka, einmal in der Woche eine Kiste Bier und wöchentlich bis zu vier Flaschen Wein.

Das Profil wird dann äußerst interessant für die Dienste, wenn die Testperson in verschiedenen Geschäften einkauft. Nach sechs Wochen sollte sich dann eigentlich der Außendienstmitarbeiter eines entsprechenden Dienstes mit einem Angebot bei der Testperson gemeldet haben. Ein Angebot übrigens, das die Testperson kaum ablehnen kann. Wer Einkäufe im Supermarkt dann auch noch mit der EC-Karte oder einer Kreditkarte bezahlt, hinterlässt eine sehr breite Datenspur, an der nicht nur Marketingfirmen interessiert sind.

Auf der Fahrt nach Hause, diesmal mit dem Auto, tankt Peter W. noch schnell und bezahlt mit seiner Kreditkarte. So wird seinem Datenberg des Tages noch ein weiteres Informationskrümchen hinzugefügt.

Zu Hause angekommen, schaltet Peter W. das smarte TV-Gerät ein. Das gibt mittels Hbb-TV nicht nur preis, welches Programm gerade angeschaut wird, sondern liefert über die Web-Cam auch gleich die Information, welche Zuschauer vor dem Gerät sitzen und wie sie auf die dargebotenen Sendungen reagieren. Das funktioniert mittels Mimikerkennung schon recht zuverlässig.

Über die Auswertung von Blutdruck und Puls die via Gesichtsbild erfolgt, kann zudem abgeklärt werden, ob die vom Zuschauer gebotene Mimik seiner inneren Haltung zum Programm entspricht oder ob er schauspielert. Die früheren Lügendetektoren waren dagegen eine amateurhafte Veranstaltung. Wann der privatisierende Journalist zu Bett geht, kann der interessierte Profiler vom intelligenten Stromzähler erfahren. Der hält übrigens auch ganz penibel fest, ob der Bewohner vor dem Zubettgehen noch die elektrische Zahnbürste benutzt hat oder mit dem Wasserkocher noch einen Tee zubereitet oder die Wärmflasche gefüllt hat.

Auch die Mikrowelle gibt viele Daten preis Über ihren Stromverbrauch lassen sich sogar die Ernährungsgewohnheiten der Wohnungsinhaber ermitteln. Wer dann noch modernerweise ein Fittnessarmbändchen trägt, gibt nicht nur sehr viele Körperdaten preis, sondern auch, wie viele Stunden erholsamen Schlaf er in der Nacht bekommen hat oder ob ihn berufliche Probleme oder Gewissensbisse des Nachts so sehr plagen, dass er nicht in den Schlaf findet, sondern sich ruhelos im Bett wälzt. Die nächtlichen Toilettengänge hingegen protokolliert das intelligente Haussystem ziemlich genau.

Während eines ganz normalen Tages hinterlassen Bürger und Journalisten also vielfältige Datenspuren. Und an den hier verwertbaren Daten sind Unternehmen, Datenanalysten, Adresshändler, Nachrichtendienste und andere Sicherheitsbehörden interessiert.

> Journalisten müssen sich bei jeder Recherche fragen, inwieweit bestimmte Datenspuren, die sie hinterlassen, ihre Informanten enttarnen können. Denn der unbedingte Schutz von Informanten ist die einige Gewähr, dass das notwendige Wissen bereitgestellt werden kann, damit Journalisten eben ihren Job tun können.

Grundlagen des Informantenschutzes

Inhaltsverzeichnis

Demokratie funktioniert nicht ohne Informantenschutz 10
Gastbeitrag von Sara Ohr und Professor Dr. Rolf Schwartmann 12
Die medienethische Begründung des Informantenschutzes 20

Zusammenfassung

An wirklich sensible Informationen kommen Journalisten in der Regel nur über Informanten. Das ist den Mächtigen im Lande nicht recht. Sie wollen verhindern, dass Journalisten Missstände auf der Basis von Whistleblower-Informationen aufdecken. Neue Strafgesetze sollen das erschweren. PR-Kampagnen rücken Informanten in ein schlechtes Licht. Aus- und Fortbildung von Journalisten in Sachen Informantenschutz wird konterkariert. Wenn wir es nicht schaffen, eine breite gesellschaftliche Diskussion über die Bedeutung von Whistleblowing zu initiieren, wird es auch in den nächsten Jahren schlecht stehen um den Informantenschutz in Deutschland.

Schlüsselwörter

Rechtsgrundlagen · Grundrechte · Politische Absicherung · Demokratietheorie · Rolf Schwartmann

Recherche hat es schwer im deutschen Journalismus. Hier wurde sogar die Wortwendung von der „investigativen Recherche" erfunden, um das systematische Suchen nach Informationen im journalistischen Gewerk eigens zu adeln. Viele Lokalzeitungen leisten sich recherchierende Journalisten schon lange nicht mehr. Die verdeckte Recherche gilt nicht wenigen als halbseidenes Gewerbe, und die Zusammenarbeit mit Informanten aus Behörden, Unternehmen und Organisationen als semikriminell. Auf der anderen Seite feiern einige Kollegen (Kolleginnen sind hier zumeist wesentlich zurückhaltender) schon einfachste Recherche-Tätigkeiten wie das Befragen einer zweiten Quelle als investigative Superleistung und tragen somit auch gehörig zum schrägen Bild der Recherchetätigkeit von Journalisten in der Öffentlichkeit bei. Wenn dann die einfache Tatsachenüberprüfung schon als „superinvestigativ" ausgeschmückt wird wie ein hochdramatischer Thriller, wenden sich viele Leser, Hörer und Zuschauer nur noch achselzuckend ab.

Demokratie funktioniert nicht ohne Informantenschutz

Der Informantenschutz wird sträflich vernachlässigt von diesen Kollegen, weil sie ihn in ihrer Thriller-Euphorie schlichtweg übersehen. Hier handelt es sich nicht um fehlendes handwerkliches Wissen, wie Informantenschutz umgesetzt wird, sondern um die Ausblendung eines grundlegenden Recherchebereiches.

Das spielt denjenigen, die etwas zu verbergen haben, in unserer Republik in die Hände. Denn ihnen ist daran gelegen, dass Rechtsbrüche, Gaunereien und Missstände unter der Decke bleiben und gerade nicht öffentlich werden. Wenn man Mitarbeiter und Bürger ausreichend und auf Dauer abschreckt, belastendes Material über Korruption, Untreue oder sogar geplante Verfassungsbrüche an Journalisten weiterzugeben, damit die den gesamten Vorgang berichten und öffentlich machen, kann man die eigene Macht absichern und ausbauen. Kriminelle Methoden können dabei durchaus hilfreich sein, solange sie nicht entdeckt werden.

Als Wächter der Demokratie sind Whistleblower genauso unverzichtbar wie Journalisten. Das System der Checks & Balances in der Bundesrepublik funktioniert nur, wenn Bürger und Mitarbeiter bereit sind, Journalisten über Missstände in ihrem Bereich zu berichten, und sie sich gleichzeitig darauf verlassen können, dass ihnen durch ihre Informantentätigkeit keine Nachteile entstehen. Deshalb muss ihre Identität absolut geschützt werden. Informantenschutz ist eine wesentliche Voraussetzung, damit Journalisten ihre Wächterfunktion wahrnehmen können.

Doch der Informant wird oft in die Ecke des Verräters gestellt. Die Whistleblower-Tätigkeit wird durch eine geschickte Strategie abgewertet und herabgewürdigt. Ihre hohe Bedeutung für das Gemeinwohl wird in Abrede gestellt. Das ist die eine Gefahr. Die andere Gefahr für den Informantenschutz besteht darin, dass er als überflüssig betrachtet wird, weil Journalisten sich in einer Art schrankenlosen Parallelwelt wähnen. Natürlich darf auch die Freiheit von Presse und Rundfunk nicht schrankenlos sein. Denn diese Freiheit konfligiert natürlich mit anderen Rechtsgütern. Deshalb sind Rechtsnormen, die hier zwischen den Rechtsgütern abwägen, unerlässlich. Wenn sich Journalisten nach der Veröffentlichung von vertraulichen Unterlagen, die ihnen Behördenmitarbeiter – durchaus im Sinne des Gemeinwohls – ausgehändigt haben, überrascht geben, dass die zuständige Staatsanwaltschaft wegen Geheimnis- oder sogar Landesverrats ermittelt, sind sie naiv.

Wenn diese Kollegen dann noch fordern, dass nicht ermittelt werden darf, weil die Freiheit von Presse und Rundfunk schrankenlos sei, fordern sie ein Mediensonderrecht, das sich nicht nur aus historischen und rechtsdogmatischen Gründen verbietet. Wenn sie darüber hinaus bei diesen wichtigen Recherchen den Informantenschutz so nachlässig beachten, dass die hier tätigen Whistleblower leicht enttarnt werden können, gefährden sie die Wächterfunktion und damit das System der Checks & Balances in dieser Republik.

Ein effizienter Informantenschutz wird gleich von mehreren Seiten behindert. Es ist wirklich schwierig. Diejenigen, die etwas zu verbergen haben, wollen ihn in strategischer Hinsicht abschaffen. Diejenigen, die ihn missachten, schaffen ihn faktisch ab. Diejenigen, die das Rechtsgut der Freiheit der Medien aus dem System der Checks & Balances herausnehmen wollen und also schrankenlos werden lassen wollen, sind der Meinung, man brauche in einer modernen Mediengesellschaft diesen Informantenschutz nicht mehr. Und wenn Informantenschutz überflüssig wird, muss man auch nicht mehr die Mühen seiner handwerklichen Umsetzung auf sich nehmen.

Es gibt also viele Gegner und Feinde des Informantenschutzes, und sie sind nicht immer auf den ersten Blick als Gegenspieler der Wächterfunktion freier Medien und als Feinde einer rechtsstaatlichen Demokratie zu erkennen. Auch dieser schleichende Abbau des Informantenschutzes vom Standpunkt einer falsch verstandenen grenzen- und schrankenlosen Medienfreiheit aus unterhöhlt den Informantenschutz. Diese Tendenz ist genauso gefährlich wie die Verschärfung von Strafnormen, um unliebsame Berichterstattung zu verhindern.

Was für den demokratischen Rechtsstaat unerlässlich ist, ist ein Informantenschutz auf hohem handwerklichen Niveau, der von Journalistinnen und Journalisten umgesetzt wird, die sich und ihren Lesern, Hörern und Zuschauern Rechenschaft ablegen über die Verhältnismäßigkeit ihres professionellen Tuns. Informantenschutz hat also rechtliche und ethische Voraussetzungen und Bedingungen. Für die Erörterung der rechtlichen Dimension konnten wir Sara Ohr und Prof. Dr. Rolf Schwartmann von der Kölner Forschungsstelle für Medienrecht an der TH Köln gewinnen.

Gastbeitrag von Sara Ohr und Professor Dr. Rolf Schwartmann

Rechtsgrundlagen

I. Bedeutung des Informantenschutzes

Indem Presse und Rundfunk Informationen zu Ereignissen von allgemeiner Bedeutung beschaffen, verbreiten und kritisch kommentieren, leisten sie einen unverzichtbaren Beitrag zur öffentlichen, insbesondere politischen, Meinungsbildung. Erst mit der Möglichkeit, sich umfassend aus verschiedenen Quellen unterrichten zu können, wird der Bürger zur Bildung einer freien Meinung über gesellschaftlich relevante Fragen befähigt. Allerdings stoßen Journalisten in ihren eigenen Recherchebemühungen nicht selten an ihre Grenzen. Zahlreiche Themen von öffentlichem Interesse werden häufig erst mit Hilfe von Informanten aufgedeckt oder derart konkretisiert, dass eine Berichterstattung möglich wird. Da hierbei oftmals die berufliche Zukunft oder sogar Leib und Leben auf dem Spiel stehen, wird ein Informant aber regelmäßig nur dann zur Preisgabe seines Wissens bereit sein, wenn er vor der Aufdeckung seiner Identität hinreichend geschützt ist.

II. Verfassungsrechtlicher Informantenschutz
1. Presse und Rundfunkfreiheit

Verfassungsrechtlich wird der Schutz des Informanten über die Grundrechte der Presse- und Rundfunkfreiheit gewährleistet (Art. 5 Abs. 1 S. 2 GG). Aufgrund ihres entscheidenden Beitrags zur politischen Meinungsbildung sind eine freie Presse und ein freier Rundfunk für den freiheitlich demokratischen Staat von besonderer Bedeutung.[1] In seiner subjektiv-rechtlichen Funktion gewährleistet Art. 5 Abs. 1 S. 2 GG den im Presse- und Rundfunkbereich tätigen Personen und Organisationen daher bestimmte Freiheitsrechte. Objektiv-rechtlich wird darüber hinaus die institutionelle Eigenständigkeit von Presse und Rundfunk sichergestellt.[2]

---

[1] In ähnlicher Weise beschreibt das *BVerfG* das Grundrecht der freien Meinungsäußerung für die freiheitliche Demokratie als „schlechthin konstituierend", vgl. nur *BVerfGE* 5, 85, 134, 199, 206 f.; 7, 198, 208, 212.
[2] *BVerfG* NJW 2007, 1117, 1118 – Cicero.

Vom grundrechtlichen Schutzbereich erfasst sind nicht nur die originären Presse- und Rundfunkaktivitäten, sondern darüber hinaus auch diejenigen Hilfstätigkeiten, ohne die die Medien ihre demokratische Funktion nicht in angemessener Weise erfüllen können.[3]

Geschützt ist die Beschaffung der Information bis hin zur Verbreitung der Nachricht und der Meinung. Insbesondere erfasst die Presse- und Rundfunkfreiheit die Vertraulichkeit der Redaktionsarbeit sowie das Vertrauensverhältnis zwischen den Medien und ihren Informanten.[4] Da Presse und Rundfunk auf deren Hinweise und Auskünfte nicht verzichten können, muss sich der Informant grundsätzlich darauf verlassen können, dass das Redaktionsgeheimnis gewahrt bleibt.[5]

2. Eingriffe

Die Freiheit von Presse und Rundfunk ist allerdings nicht schrankenlos gewährleistet. Die benannten Rechte finden ihre Schranken insbesondere in den Vorschriften der allgemeinen Gesetze (Art. 5 Abs. 2 GG). Darunter sind alle Normen zu fassen, die sich nicht gegen die Freiheit von Presse und Rundfunk als solche oder gegen die Äußerung einer bestimmten Meinung richten, sondern vielmehr dem Schutz eines schlechthin zu schützenden Rechtsguts dienen. Dieses Rechtsgut muss in der Rechtsordnung allgemein und damit unabhängig davon geschützt sein, ob es durch Meinungsäußerungen oder auf andere Weise verletzt werden kann. So schützt etwa der Straftatbestand der Beleidigung die persönliche Ehre des Beleidigten. Im Rahmen einer Güterabwägung ist sodann zu klären, ob die Interessen des im allgemeinen Gesetz geschützten Rechtsguts – also der Ehre – überwiegen, dem das allgemeine Gesetz zu dienen bestimmt ist.[6] Soweit die zur Beschränkung der Presse- und Rundfunkfreiheit ermächtigenden Rechtsnormen auslegungsbedürftig sind, darf die Auslegung allerdings nicht zur Außerachtlassung des besonderen Schutzgehalts der Meinungsfreiheit führen.[7]

Mit Blick auf den Informantenschutz kommen verschiedene Eingriffe in die Grundrechte der Presse- und Rundfunkfreiheit in Betracht. Denkbar sind etwa **Durchsuchungen von Redaktionsräumen**, **Beschlagnahmen** von Unterlagen und sonstigen Gegenständen, die fehlende Berücksichtigung von **Zeugnisverweigerungsrechten**, die **Überwachung** telefonischer bzw. internetbasierter

---

[3]*BVerfG* a.a.O.
[4]*BVerfG* NJW 2007, 1117, 1118; *BVerfG* NJW 2003, 1787, 1788.
[5]*BVerfG* NJW 1966, 1603, 1605.
[6]*BVerfG* NJW 2007, 1117, 1118.
[7]*BVerfG* NJW 2004, 2814, 2815.

Kommunikation (E-Mail, Internet-Telefonie, soziale Medien) oder die Ortung mobiler Endgeräte.[8] Es ist staatlichen Stellen jedoch grundsätzlich verwehrt, sich Einblicke in die Vorgänge bei der Vorbereitung einer Sendung bzw. der Entstehung einer Zeitung oder Zeitschrift zu verschaffen.[9]

III. Einfachgesetzlicher Informantenschutz

Einfachgesetzlich, also außerhalb der Verfassung, wird der Informantenschutz sowohl prozessual durch Zeugnisverweigerungsrechte und Beschlagnahme- bzw. Durchsuchungsverbote als auch materiell-rechtlich mithilfe von Strafbefreiungen und eingeschränkten Auskunftsansprüchen gewährleistet.

1. Zeugnisverweigerungsrechte

Zeugnisverweigerungsrechte zugunsten von Personen, die berufsmäßig in Presse und Rundfunk mitwirken bzw. mitgewirkt haben, finden sich in sämtlichen Verfahrensordnungen. Vorrangig dienen sie dem Schutz der Identität des Beitragserstellers und des Informanten sowie den in diesem Verhältnis getätigten Aussagen.[10]

Personen, die bei der Vorbereitung, Herstellung oder Verbreitung von (periodischen) Druckwerken oder Rundfunksendungen berufsmäßig mitwirken oder mitgewirkt haben, sind zur Verweigerung des Zeugnisses über die Person des Verfassers oder Einsenders von Beiträgen und Unterlagen oder des sonstigen Informanten sowie über die ihnen im Hinblick auf ihre Tätigkeit gemachten Mitteilungen berechtigt.[11] Über die zivilprozessuale Vorschrift hinausgehend erfasst das Zeugnisverweigerungsrecht nach dem Strafprozessrecht[12] zudem Mitwirkende an Filmberichten sowie Informations- und Kommunikationsdiensten, die der Unterrichtung oder Meinungsbildung dienen.

Vor dem Hintergrund der teils schwierigen Abgrenzung zwischen selbst recherchierten und erst durch den Informanten erlangten Inhalten (sog. Eigen- und Fremdmaterial) sind selbst erarbeitetes Material sowie berufsbezogene Wahrnehmungen[13] in den Schutz der Strafprozessordnung aufgenommen worden.[14] Dies gilt allerdings nur, soweit es sich um Beiträge, Unterlagen, Mitteilungen

---

[8]Mit weiteren Beispielen *Kugelmann* ZRP 2005, 260 f.
[9]*BVerfG* NJW 1984, 1741, 1742.
[10]*Fricke/Gerecke* AfP 2014, 293, 294.
[11]§ 53 Abs. 1 S. 1 Nr. 5 StPO und § 383 Abs. 1 Nr. 5 ZPO.
[12]§ 53 Abs. 1 S. 1 Nr. 5 StPO.
[13]§ 53 Abs. 1 S. 2 StPO.
[14]Gesetz zur Änderung der Strafprozessordnung vom 15.2.2002, BGBl. I S. 682.

und Materialien für den redaktionellen Teil oder redaktionell aufbereitete Informations- und Kommunikationsdienste handelt.[15] Eine ähnliche Beschränkung des Zeugnisverweigerungsrechts auf redaktionelle Inhalte findet sich im Zivilprozessrecht.[16] Allerdings ist hier auf die weitgehende Gleichstellung zwischen Eigen- und Fremdmaterial verzichtet worden. Da ein sachlicher Grund für die restriktivere Handhabung des zivilprozessualen Zeugnisverweigerungsrechts nicht ersichtlich ist, kann insoweit von einem redaktionellen Versehen ausgegangen werden.[17] Zweckmäßig erscheint daher eine Angleichung der Vorschrift an das erhöhte Schutzniveau des Strafprozessrechts.[18]

Eine weitere Ausdehnung des Schutzbereichs des strafprozessualen Zeugnisverweigerungsrechts ist mit dem im Jahr 2005 eingeführten Verbot der akustischen Wohnraumüberwachung vorgenommen worden (§ 100c Abs. 6 S. 1 StPO). Ein sog. Lauschangriff auf die Redaktionsräume von Presse oder Rundfunk ist demnach unzulässig.[19]

2. Beschlagnahmeverbot

Soweit das strafprozessuale Zeugnisverweigerungsrecht[20] reicht, ist die Beschlagnahme von Schriftstücken, Ton-, Bild- und Datenträgern, Abbildungen und anderen Darstellungen, die sich im Gewahrsam der verweigerungsberechtigten Personen oder der Redaktion, des Verlages, der Druckerei oder der Rundfunkanstalt befinden verboten.[21] Die Beschränkungen der Beschlagnahme gelten allerdings nicht, wenn bestimmte Tatsachen den Verdacht begründen, dass die zeugnisverweigerungsberechtigte Person an der Tat oder an einer Begünstigung, Strafvereitelung oder Hehlerei beteiligt ist, oder wenn es sich um Gegenstände handelt, die durch eine Straftat hervorgebracht oder zur Begehung einer Straftat gebraucht oder bestimmt sind oder die aus einer Straftat herrühren (§ 97 Abs. 2 S. 3 StPO). Die Beschlagnahme bei Presse und Rundfunk ist aber auch in diesen Fällen nur zulässig, wenn sie unter Berücksichtigung von deren grundrechtlicher Bedeutung nicht außer Verhältnis zur Bedeutung der Sache steht und die Erforschung des Sachverhaltes oder die Ermittlung des Aufenthaltsortes des Täters auf andere Weise aussichtslos oder wesentlich erschwert wäre (§ 97 Abs. 5 S. 2 Hs. 2 StPO).

---

[15] § 53 Abs. 1 S. 3 StPO.
[16] § 383 Abs. 1 Nr. 5 ZPO.
[17] *Fricke/Gerecke* AfP 2014, 293, 294.
[18] *Soehring* Presserecht, 5. Aufl. 2013, § 8 Rn. 10a. § 53 Abs. 1 S. 1 Nr. 5, S. 2 StPO.
[19] Vgl. hierzu *Kugelmann* ZRP 2005, 260, 262.
[20] § 53 Abs. 1 S. 1 Nr. 5 StPO.
[21] § 97 Abs. 5 S. 1 StPO.

Im Jahr 2012 sind die Voraussetzungen einer zulässigen Beschlagnahme weiter verschärft worden.[22] Nach der Neuregelung[23] entfällt das Beschlagnahmeprivileg von Presse und Rundfunk nur noch im Falle eines dringenden Tatverdachts gegen einen Medienangehörigen.

3. Durchsuchungsverbot

Die Durchsuchung der Räumlichkeiten von Presse oder Rundfunk stellt nicht nur eine erhebliche Beeinträchtigung der redaktionellen Arbeit dar. Vielmehr kommt ihr zugleich eine potentiell einschüchternde Wirkung zu. Sofern ein Informant mit der Enttarnung seiner Identität durch die staatlichen Ermittlungsbehörden rechnen muss, wird er mit hoher Wahrscheinlichkeit davon absehen, den Medien gegenüber (weitere) Angaben zu machen. Neben dem Vertrauensverhältnis zwischen Medien und Informant liegt hierin zugleich ein Eingriff in das Redaktionsgeheimnis.[24]

Durchsuchungen in Redaktionsräumen von Presse und Rundfunk sind insbesondere zulässig, wenn es um die Verfolgung von Spuren einer Straftat oder um die Beschlagnahme bestimmter Gegenstände geht und darüber hinaus Tatsachen vorliegen, aus denen zu schließen ist, dass die konkrete Spur oder Sache sich in den zu durchsuchenden Räumen befindet.[25] In jedem Falle muss die Durchsuchung den Anforderungen des Verhältnismäßigkeitsgrundsatzes genügen. Zur Ermittlung ihrer Rechtmäßigkeit ist daher eine Abwägung zwischen dem auf die konkrete Tat zu beziehenden Strafverfolgungsinteresse und der Presse- und Rundfunkfreiheit zu treffen.[26] Zielt die Durchsuchung allerdings auf Materialien und Informationen, die der strafprozessualen Beschlagnahmefreiheit[27] unterliegen, ist die Durchsuchung stets unzulässig. Ebenso wenig darf die Durchsuchung in Redaktionsräumen oder Wohnungen von Medienangehörigen dem vorrangigen Zweck dienen, den Verdacht von Straftaten aufzuklären, die mutmaßlich durch den Informanten begangen worden sind. Erforderlich sind vielmehr hinreichende tatsächliche Anhaltspunkte für eine Straftat des von der Durchsuchung betroffenen Medienorgans.[28]

---

[22]Gesetz zur Stärkung der Pressefreiheit im Straf- und Strafprozessrecht (PrStG), BGBl I S. 1374.

[23]§ 97 Abs. 5 S. 2 Hs. 2 StPO.

[24]*BVerfG* NJW 2007, 1117, 1118.

[25]§ 103 Abs. 1 S. 1 StPO.

[26]*BVerfG* NJW 2011, 1859, 1861.

[27]§ 97 Abs. 5 S. 1 StPO.

[28]So aktuell *BVerfG* Beschlüsse vom 13.7.2015 – 1 BvR 1089/13, 1 BvR 1090/13, 1 BvR 2480/13, BeckRS 2015, 51131.

4. Straffreiheit der Beihilfe zum Geheimnisverrat

Neben der Verschärfung der Beschlagnahmevoraussetzungen ist mit dem Gesetz zur Stärkung der Pressefreiheit im Straf- und Strafprozessrecht (PrStG)[29] die Strafbarkeit von Journalisten wegen Beihilfe zum Geheimnisverrat abgeschafft worden. Demnach sind Beihilfehandlungen einer strafprozessual zeugnisverweigerungsberechtigten[30] Person nicht rechtswidrig, wenn sie sich auf die Entgegennahme, Auswertung oder Veröffentlichung des Geheimnisses oder des Gegenstandes oder der Nachricht, zu deren Geheimhaltung eine besondere Verpflichtung besteht, beschränken.[31] Strafbar bleiben dagegen die Anstiftung zum Geheimnisverrat sowie solche Beihilfehandlungen, die über das Entgegennehmen oder Veröffentlichen der Information hinausgehen.[32] Letztere Konstellation soll insbesondere im Falle einer Honorarzahlung für dienstlich erlangte Informationen anzunehmen sein.[33]

Allerdings ist diese Gesetzesänderung als überflüssig und systemwidrig kritisiert worden.[34] Insbesondere ist darauf verwiesen worden, dass die durch Journalisten begangene Beihilfe zum Geheimnisverrat bereits seit der sog. Cicero-Entscheidung des Bundesverfassungsgerichts[35] aus dem Jahr 2007 faktisch für straffrei erklärt worden sei. Ebenfalls beanstandet wurde das Spannungsverhältnis, welches aufgrund der Privilegierung der Medienangehörigen zum Interesse einer effektiven Strafverfolgung sowie zu den Persönlichkeitsrechten des Beschuldigten begründet worden sei.[36]

---

[29] Vgl. hierzu bereits oben unter III.2.

[30] § 53 Abs. 1 S. 1 Nr. 5 StPO.

[31] § 353b Abs. 3a StGB.

[32] *BVerfG* Beschlüsse vom 13.7.2015 – 1 BvR 1089/13, 1 BvR 1090/13, 1 BvR 2480/13, BeckRS 2015, 51131, Rn. 22 unter Verweis auf BT-Drs. 17/3355, S. 8.

[33] *BVerfG* a.a.O. unter Verweis auf *Fischer* StGB, 62. Aufl. 2015, § 353b Rn. 30 sowie *Perron* in: Schönke/Schröder (Hrsg.), 29. Aufl. 2014, § 353b Rn. 21d.

[34] Vgl. etwa *Schork* NJW 2012, 2694, 2696, die von einer „Entkriminalisierung für die Galerie" spricht.

[35] *BVerfG* NJW 2007, 1117 – Cicero.

[36] Vgl. hierzu Gemeinsame Stellungnahme der Bundesrechtsanwaltskammer und des Deutschen Anwaltvereins zum Regierungsentwurf eines Gesetzes zur Stärkung der Pressefreiheit im Straf- und Strafprozessrecht (PrStG) (BT-Drs. 17/3355), abrufbar unter http://www.brak. de/zur-rechtspolitik/stellungnahmen-pdf/stellungnahmen-deutschland/2011/januar/stellungnahme-der-brak-2011-02.pdf.

5. Einschränkung von Auskunftsansprüchen

Maßgebliche Bedeutung kommt dem Informantenschutz auch mit Blick auf die zivilrechtliche Verbreiterhaftung zu. Im Vorfeld der Durchsetzung von Unterlassungs- oder Schadensersatzansprüchen benötigt der Betroffene häufig Auskunft über bestimmte Fakten, die im Zusammenhang mit der angegriffenen Veröffentlichung stehen. Andererseits sind Presse und Rundfunk auf einen möglichst breiten und ungehinderten Informationsfluss angewiesen. Dieser kann jedoch empfindlich gestört werden, sofern die Medien im Rahmen einer zivilrechtlichen Inanspruchnahme zur Aufdeckung ihrer Informationsquellen gezwungen sind. Ob eine Auskunftsverpflichtung von Presse und Rundfunk besteht, bedarf daher stets einer sorgfältigen Interessenabwägung.[37] Ein Anspruch auf Preisgabe der namentlichen Identität eines Informanten besteht jedenfalls dann nicht, wenn die Kenntnis des Namens lediglich ein persönliches Interesse des Klägers darstellt.[38] Sofern aber ein Anspruch auf Auskunft gegenüber Presse oder Rundfunk bejaht wird, kann ein Medienangehöriger selbst dann zur Preisgabe der gewünschten Informationen verpflichtet werden, wenn ihm prozessual ein Zeugnisverweigerungsrecht zustünde.[39]

IV. Vertraglicher Informantenschutz und Exklusivvereinbarung

Neben dem gesetzlichen Schutz durchaus üblich und zweckmäßig ist die vertragliche Vereinbarung von Vertraulichkeit zwischen Medien und Informanten. Mithilfe von Haftungsfreistellungs- oder Vertragsstrafeklauseln kann sich der Informant auf diese Weise jedenfalls wirtschaftlich für den Fall absichern, dass seine Identität durch die Medien abredewidrig enttarnt wird. Presse und Rundfunk dagegen können sich vertraglich zusichern lassen, dass eine bestimmte Information bis zu deren Erstveröffentlichung ausschließlich ihnen zur Verfügung gestellt wird. Derartige Exklusivvereinbarungen sind grundsätzlich wirksam, sofern durch eine solche Abrede nicht die einzige Wissensquelle bezüglich eines Geschehens blockiert wird, an dem ein berechtigtes öffentliches Informationsinteresse besteht.[40]

---

[37] *BVerfG* NJW 1999, 2880 f. – Heidemörder

[38] *OLG München* NJW-RR 2002, 1045, 1047. Hier ging es dem Kläger vornehmlich darum, die Namen seiner Parteifreunde zu erfahren, die ihm mit einem Flugblatt in den Rücken gefallen waren.

[39] *BVerfG* NJW 1999, 2880, 2881 – Heidemörder. Begründet wird dies mit der unterschiedlichen Zielrichtung von Zeugnisverweigerungsrecht und Auskunftsanspruch. Während das Erstgenannte den Belangen der Pressefreiheit unter bestimmten Voraussetzungen generell den Vorrang einräumt, knüpft der Auskunftsanspruch an eine durch Presse oder Rundfunk begangene Rechtsverletzung an.

[40] *BVerfG* GRUR 1968, 209 – Lengede.

Auch eine wirksame Ausschließlichkeitsvereinbarung ist allerdings nicht geeignet, andere Medienunternehmen und Journalisten an einer eigenständigen Recherche oder der Verwertung von Informationen, die vor oder außerhalb der Exklusivbindung offenbart wurden, zu hindern.[41] Unlauter ist es dagegen, wenn gezielt und bewusst darauf hingewirkt wird, dass der Informant die aus der Ausschließlichkeitsvereinbarung resultierenden Pflichten verletzt.[42]

V. Exkurs: Haftung des Informanten

Indem der Informant vertrauliche und oftmals brisante Informationen an Presse oder Rundfunk weitergibt, setzt er sich sowohl der Gefahr einer strafrechtlichen Verfolgung als auch einer zivilrechtlichen Inanspruchnahme aus.

Strafrechtlich können etwa die Tatbestände des Landesverrats (§ 94 Abs. 1 Nr. 2 StGB), der Verletzung von Privatgeheimnissen (§ 203 StGB), der Verletzung des Post- und Fernmeldegeheimnisses (§ 206 StGB), der Vorteilsannahme (§ 331 StGB), der Bestechlichkeit (§ 332 StGB), der Verletzung des Dienstgeheimnisses und einer besonderen Geheimhaltungspflicht (§ 353b StGB), der Verletzung des Steuergeheimnisses (§ 355 StGB), des Verrats von Geschäfts- und Betriebsgeheimnissen (§ 17 UWG) oder des § 44 Abs. 1 i.V.m. § 43 Abs. 2 BDSG relevant werden.[43]

Zivilrechtlich kommen sowohl vertragliche als auch deliktische Ansprüche gegenüber dem Informanten in Betracht. Neben der aus dem arbeitsrechtlichen Näheverhältnis resultierenden Pflicht zur Unterlassung unternehmensschädigender Äußerungen ist der Arbeitnehmer zugleich zur Wahrung von Geschäfts- und Betriebsgeheimnissen verpflichtet.[44] Im Falle eines Verstoßes gegen die vertraglich vereinbarte Vertraulichkeit drohen dem Informanten eine Inanspruchnahme im Wege des Schadensersatzes sowie eine fristlose außerordentliche Kündigung des Beschäftigungsverhältnisses.[45] Ebenfalls auf Schadensersatz sowie auf Unterlassung kann der Informant über deliktische Haftungsnormen[46] in Anspruch genommen werden, sofern die von ihm offenbarten Tatsachen Rechte Dritter verletzen.

---

[41] *BVerfG* GRUR 1968, 209, 210 – Lengede.

[42] *BGH* GRUR 2009, 173, 175 – bundesligakarten.de.

[43] Vgl. hierzu ausführlich *Fricke/Gerecke* AfP 2014, 293, 297 f.

[44] Hierunter sind solche Tatsachen zu verstehen, die im Zusammenhang mit dem Geschäftsbetrieb stehen, nur einem eng begrenzten Personenkreis bekannt und nicht offenkundig sind und im berechtigten wirtschaftlichen Interesse des Arbeitgebers geheim gehalten werden sollen, vgl. hierzu auch *Schwartmann/Ohr* Recht der Sozialen Medien (2015) IV. Kapitel, Rn. 217.

[45] Vgl. hierzu *Fricke/Gerecke* AfP 2014, 293, 298.

[46] §§ 823 ff., 1004 BGB.

Die Rechtsverletzung ist dem Informanten allerdings nur dann zurechenbar, wenn die Veröffentlichung seiner Darstellung entweder vollumfänglich entspricht oder er mit den gegebenen Ungenauigkeiten oder Verallgemeinerungen rechnen musste.[47] Ferner kommt die Zahlung einer Geldentschädigung in Betracht, sofern es sich auf Grund der gesamten Umstände des Einzelfalls um einen schwerwiegenden Eingriff in das allgemeine Persönlichkeitsrecht handelt und die Beeinträchtigung nicht in anderer Weise befriedigend aufgefangen werden kann. Möglich ist dies auch dann, wenn es sich um eine Persönlichkeitsverletzung durch eine nicht erweislich wahre rufschädigende Tatsachenbehauptung handelt.[48] Für den Informanten ist dies insoweit problematisch, als er nach der in das Zivilrecht transformierten Beweislastregel des § 186 StGB[49] die Richtigkeit seiner Äußerungen nachzuweisen hat.[50] Kommt er der Erfüllung dieser Beweispflicht nicht nach, unterliegt er im Prozess selbst dann, wenn der Betroffene selbst die streitgegenständlichen Behauptungen nicht widerlegen kann.[51]

Die medienethische Begründung des Informantenschutzes

Presse und Rundfunk können nur dann ihren Beitrag zur öffentlichen, insonderheit politischen Meinungsbildung leisten, wenn sie ungehinderten Quellenzugang haben.[52] Häufig wird ihnen aber dieser ungehinderte Quellenzugang verwehrt. Behördenvertreter verweisen gern auf vorgebliche Geheimhaltungsinteressen, um eigenes Versagen zu vertuschen. Unternehmensvertreter machen Geschäftsgeheimnisse geltend, um Fehlverhalten unter der Decke halten zu können.

---

[47]*BGH* NJW 1973, 1460, 1461.

[48]*BGH* NJW 2014, 2029, 2033 – Sächsische Korruptionsaffäre.

[49]Vgl. etwa *BGH* NJW 2014, 2029, 2032 – Sächsische Korruptionsaffäre m.w.N.; BGHZ 132, 13, 23.

[50]Eine weitere kritikwürdige Haftungsverschärfung zulasten des Informanten sehen *Fricke/ Gerecke* AfP 2014, 293, 299 dann gegeben, wenn dem Informanten bei der Beurteilung der Schwere der Persönlichkeitsverletzung die Missachtung journalistischer Sorgfaltsmaßstäbe durch die Medien angelastet wird (so in der Tendenz wohl *BGH* NJW 2014, 2029 - Sächsische Korruptionsaffäre).

[51]Gleiches gilt für das berichterstattende Medienunternehmen, welches auf die Zeugenbenennung des Informanten im Prozess verzichtet, vgl. zu dieser Problematik *Fricke/Gerecke* AfP 2014, 293, 296.

[52]vgl. BVerfGE 5, 85, 134, 199, 206f.

Journalisten sind auf Whistleblower angewiesen in solchen Fällen. Nur so können sie ihre Wächterfunktion wahrnehmen. Nur durch Whistleblower kann sichergestellt werden, dass der Bürger, der sich nur dann umfassend und frei eine Meinung über gesellschaftlich und politische relevante Fragen bilden kann, wenn er Zugang zu allen relevanten Informationen hat, auch tatsächlich diese Meinungsbildung vornehmen kann.

Journalisten verstehen sich als Dienstleister für den Bürger. Ihre Leser, Hörer, Zuschauer oder generell Nutzer von Medienangeboten wollen Nachrichten und einordnende Kommentierung, aber sie wollen diese Nachrichten und Kommentierungen auch überprüfen können. Deshalb brauchen Journalisten und Bürger ungehinderten Zugang zu Informationen. In einigen Fällen ist dieser ungehinderte Zugang verwehrt. Hier helfen oftmals eben nur noch Whistleblower. Ohne ihre Informationen würden zahlreiche Recherchen stecken bleiben, wären viele Missstände und Skandale unentdeckt geblieben.

Nun wird aber Demokratie von vielen Bürgern zunehmend nicht mehr als Konzeption der Regierungsform gesehen, sondern als sich selbst aufzuerlegende Handlungsweise, die ihre Legitimität und ihr Potenzial erst dadurch erhält, dass sie gegen die Amtsinhaber und die durch die vertretene herrschende Ordnung agiert.[53] Das hat auch damit zu tun, dass die für die Willens- und Meinungsbildung der Bürger notwendige Transparenz verweigert wird.

So haben etwa immer mehr Journalisten ihre Wächterfunktion nur noch unzureichend wahrgenommen. Der zivilgesellschaftliche Protest auf genau diese Entwicklung konnte dann nach vielen Frustrationen laut Aussage betroffener Bürger nur noch in Wahlverweigerung geäußert werden.[54] Denn durch die Wahlverweigerung will der so Agierende deutlich machen, dass Amtsinhaber keine Legitimität mehr in Anspruch nehmen können.

Der Demokratiebegriff ändert sich dadurch auf breiter Front. Demokratie muss nach dieser Interpretation mit der strukturkonservativen Institutionenethik brechen. Demokratie muss wieder zu einem Kampfbegriff werden.

Zur Norm werden muss die umfassende Berichterstattung über sensible Vorgänge in diesem demokratischen Meinungskampf wieder. Sonst kann diese demokratische Auseinandersetzung nicht mehr geführt werden. Ihr fehlt dann die Basis. Sie wird aber zunehmend seltener. Die hierfür notwendige ungehinderte Information ist nur noch durch Whistleblowing möglich, weil die

---

[53] Vgl.: Rancière, Jacques: Zehn Thesen zur Politik (Zürich 2008), insbesondere Seite 19ff.

[54] Siehe: Welchering, Peter: Der Anwurf der ‚Lügenpresse' ist auch ein Hilferuf, in: Blickpunkt 2016, Nr. 2, Seite 14f.

unterschiedlichen Funktionseliten in Gesellschaft, Politik, Verwaltung und Wirtschaft diese Informationen aus Gründen der Herrschaftsabsicherung abschotten.

So erhält der Demokratiebegriff wieder eine Dynamik, und von dieser Dynamik beziehen die Agierenden ihre Motivation – allerdings derzeit gerade nicht für einen Ausbau der Wächterfunktion, sondern eher für einen Wahlboykott. Die Begründung dafür: Demokratie muss der vernetzten Inkompetenz der Amtsinhaber entgegen gesetzt werden.[55]

Das durch verschiedene Amtsinhaber immer häufiger missachtete Prinzip der Volkssouveranität erhält so eine neue Aktualität. Die Volkssouveranität setzt den dekonstruktiven Diskurs über die herrschende Institutionenethik voraus. Der Institutionenethik wird eine Individualethik entgegen gesetzt. Demokratie als Versprechen wird wieder attraktiv.

Doch diese Demokratie muss ein Gegenentwurf zur Missachtung, Ungerechtigkeit und Unfreiheit schaffenden Politik der Eliten sein.[56] Demokratie als performativer Akt gegen Bürokraten und Amtsinhaber kann eine enorm befreiende Wirkung haben. Aus der Wahlverweigerung als Konstitution des Politischen gegen die nur noch formal legitimierte Herrschaftsausübung der elitären Amtsinhaber wird so ein erster Schritt hin zu einem neuen Demokratiemodell. Aus der Wahlverweigerung wird eine Bekenntnisverweigerung, die die Medien für ihre Berichterstattung und Analyse aufgreifen müssen.

Wahlen als Legitimationsinstrument sind in den Augen der so Argumentierenden abgeschafft, weil man sich der Wahl und damit dem Legitimationsinstrument verweigert hat. Dirk Jörke hat für einen beachtlichen Teil der Bürger dieser Republik feststellt: Sie haben sehr gute „Gründe, dieses Bekenntnis zu verweigern. Denn sie machen die Erfahrung, von der ‚demokratischen' Gesellschaft und ihren Eliten nicht mehr hinreichend anerkannt zu werden".[57]

Der Demokratiebegriff muss deshalb auch dauerhaft vom performativen Akt gegen die Amtsinhaber zu einem Akt der Konstitution des Politischen und Begründung der Volkssouveranität werden. Der Akt der Konstitution sittlicher Würde als

---

[55]Hier hilft die an die phänomenologische Tradition mit ihrer Reduktionsmethode anknüpfende strukturreduzierende Analyse von Jacques Derrida weiter.

[56]Vgl. Derrida, Jacques: Politik der Freundschaft (Frankfurt am Main 2000)

[57]Jörke, Dirk: Demokratie als Ideologie, in: Otten, Henrique Ricardo; Sicking, Manfred (Hg.): Kritik und Leidenschaft. Vom Ursprung mit politischen Ideen (Bielefeld 2011) Seite 178

Würde des Einzelnen, der immer auch Souverän ist, erinnert stark an Politikkonzeptionen bürgerlicher Provenienz. Doch von diesen Konzeptionen sind die Agierenden enttäuscht. Das bisherige Repräsentationsmodell eignet sich in ihren Augen nicht mehr, weil es die politische Freiheit der Bürger immer stärker eingeengt hat. Einer der am stärksten wahrgenommenen Gründe dafür: Die Amtsinhaber haben dem Gemeinwesen nicht gedient, sondern ihre persönliche Machtabsicherung sowie ihre kleinlichen persönlichen Vorteile gesucht – Schnäppchenjäger des alten demokratischen Systems eben.

Genau dieses System hat sich überlebt. Aber es konnte nicht verändert werden, weil nicht ausreichend über die faktischen Fehlentwicklungen berichtet wurde. Der Grund dafür war der blockierte Zugang zu den entsprechenden sensiblen Informationen. Das Volk als politisches Subjekt ist von den Amtsinhabern nicht mehr als Subjekt einer demokratischen Gestaltung der Herrschaftsform anerkannt und muss sich deshalb „als Subjekt einer unmittelbaren konstituierenden Macht begreifen, die durch die Verweigerung der bloß formelhaften Bekenntnis von Wahlen als Legitimationsgrundlage den ersten Schritt zur Konstitution eines „Subjekts des Aufstandes" macht.[58]

Darin kann eine Chance liegen, die wir aber nur nutzen können, wenn wir es schaffen, durch konsequente Wahrnehmung der Wächterfunktion den Diskurs auf Augenhöhe über genau dieses Unbehagen an den herrschenden Verhältnissen herzustellen. Das Gebot der Stunde lautet deshalb: Transparenz!

Die aber ist nur möglich, wenn Whistleblower die zur Herstellung dieser Transparenz notwendigen Informationen den Journalisten geben, damit die ihrer Wächterfunktion genügen können. Dafür müssen die Journalisten ihren Informanten wiederum uneingeschränkte Vertraulichkeit und sehr weitgehenden Schutz vor Enttarnung geben, damit die derlei sensible Information weitergeben können, ohne berufliche Nachteile, gesellschaftliche Stigmatisierung oder persönliche Bedrohung befürchten zu müssen.

---

[58]Vgl. Abensour, Miguel: Demokratie gegen den Staat (Berlin 2012) Seite 22

Datenspuren bei der Recherche und ihre Analyse

Zusammenfassung

Bereits bei der Rechercheplanung muss jeder Journalist genau abwägen, welche Datenspuren bei welchem Rechercheschritt anfallen und ob sie aus Überlegungen des Informantenschutzes vermieden werden müssen. An einem konkreten Fall wird deutlich, wie sensibel das Thema ist.

Schlüsselwörter

Erste Meile · Überblick · Big-Data-Analyse · Vertrauensverhältnis

Zu Beginn einer jeden Recherche muss der Journalist intensiv darüber nachdenken, welche Datenspuren auf seine gerade laufende Ermittlung und welche auf seine Informanten Hinweise geben können. Solche Datenspuren müssen in jedem Fall vermieden werden, auch wenn das manchmal etwas mühsam ist.

Schauen wir uns eine Beispielrecherche an um diese Gefahren deutlicher erkennen zu können. Im Frühjahr des Jahres 2006 bekam unser Büro Dokumente zugespielt, die darauf hinwiesen, dass eine Arbeitsgruppe im Bundesinnenministerium verschiedene Planspiele anstellte, wie der elektronische Personalausweis finanziert werden könne. Ein Szenario sah vor, dass die biometrischen Daten der

Ausweisinhaber an interessierte Dritte verkauft werden könnten. Damals waren Fingerabdrücke, Iris-Scan und ein biometrisches Gesichtsbild geplant.

Auf der Website des Bundesinnenministeriums informierten wir uns zunächst, wie die entsprechende Planungsgruppe organisatorisch aufgestellt und aufgehängt war. Die Webserver der Bundesministerien loggen das entsprechende Surfverhalten. Ausgewertet werden diese Daten nach den uns vorliegenden Informationen nur in Einzelfällen, wenn es zu Störungen kam. Ohne einer verschwörungstheoretischen Sicht der Dinge zu erliegen, schützen wir allerdings in solchen Fällen unsere Recherchen zu solch frühen Zeitpunkten und schirmen unsere Informanten und unsere Arbeit bestmöglich ab.

Denn neben dieser ministeriumsinternen Auswertung analysieren auch zumindest zwei bundesdeutsche Nachrichtendienste in unregelmäßigen Abständen die auf Ministeriumsrechnern anfallenden Verbindungsdaten. Da die uns zugespielten Unterlagen einen Vertraulichkeitsvermerk trugen, war also bereits bei der Webrecherche Vorsicht geboten. Wir wollten unsere Internet-Protokolladresse nicht beim Surfen auf den Seiten des Bundesinnenministeriums preisgeben und nutzten deshalb eine einfache Anonymisierungsplattform.

Dabei besteht das sogenannte „Risiko der ersten Meile" d. h. die an den Ministeriumsserver geschickten Datenpäckchen werden erst auf dem Anonymisierungsserver in Datenpäckchen mit der Internet-Protokolladresse des Anonymisierungsservers verpackt. Auf der Strecke bis zum Anonymisierungsserver ist also unsere Internet-Protokolladresse lesbar. Doch die Ermittlung unserer IP-Adresse aufgrund der Login-Daten des Ministeriumsservers ist recht aufwändig. Zudem kann man bei normalem Datenverkehrsaufkommen davon ausgehen, dass unsere Datenpäckchen auf den Internet-Knotenrechnern bis zur Anonymisierungsplattform gelöscht sind, wenn eine entsprechende Analyse Tage oder Wochen später erfolgen würde.

Die Unterlagen wurden uns per Mail über das Anonymisierungsnetzwerk „The Onion Router", TOR, zugesandt. Das ist im Handling aufwändiger, aber es bietet gleichzeitig höhere Sicherheit. Die Dokumente haben wir von unserem Mail-Account sofort gelöscht und auf einer externen Festplatte verschlüsselt gespeichert. Bearbeitet wurden die Dateien nur auf einem Rechner ohne Netzanbindung, d. h. die Dateien wurden von der Festplatte auf den Arbeitsrechner transferiert, entschlüsselt und dann auf ihre Echtheit geprüft bzw. zu einem späteren Zeitpunkt gelesen. Die notwendigen Vergleichsdateien, um die Echtheit anhand der Metadaten und der Dateistruktur überprüfen zu können, lagerten während des gesamten Recherchezeitraumes ebenfalls auf dem Arbeitsrechner ohne Netzanbindung.

Diese Analysen ergaben, dass die uns zur Verfügung gestellten Dokumente mit hoher Wahrscheinlichkeit echt waren. Allerdings konnte mit einem Editor auch nachvollzogen werden, an welchem Arbeitsplatz im Bundesinnenministerium die Dokumente im PDF-Format erzeugt worden waren. Informanten legen hier mitunter eine besorgniserregende Sorglosigkeit an den Tag.

Weil das PDF Rückschlüsse auf den Informanten zuließ und gleichzeitig nur sehr allgemeine Überlegungen und ausgesprochen skizzenhafte Ansätze enthielt, die in der Planungsgruppe diskutiert worden waren, beschlossen wir, die Dokumente nur als Informationsquelle zu nutzen, per Kreuzrecherche zu verifizieren und auf keinen Fall öffentlich zu machen. Denn das hätte vermutlich zu rechtlichen Auseinandersetzungen mit dem Ministerium geführt, in deren Verlauf wir die uns zugesandten PDFs in den Rechtsstreit hätten einbringen müssen.

Durch solch ein Vorgehen aber wäre unser Informant gefährdet worden. Wir halten es deshalb auch für zumindest fahrlässig, wenn vertrauliche Unterlagen aus Behörden oder Unternehmen ohne entsprechende Bearbeitung, bei der alle Metadaten und sonstigen Dateiinformationen, die einen Hinweis auf den Informanten geben, einfach in Online-Plattformen eingestellt werden.

Rückfragen bei Informatikern, mit denen wir schon seit vielen Jahren zusammenarbeiten und zu denen ein sehr intensives Vertrauensverhältnis besteht, ergaben in diesem Fall, dass die in den Dokumenten erwähnten Bearbeitungs- und Distributionsmethoden der biometrischen Daten technisch möglich waren und als plausibel gelten mussten. Gleichzeitig hatte der Informatik-Professor Hartmut Pohl ebenfalls Hinweise aus dem Ministerium erhalten, die klar darauf hinwiesen, dass ein Verkauf von Fingerprints und Iris-Scans nach dem Aufbau einer entsprechenden Datenbank im Zuge der Einführung des neuen Personalausweises im Innenministerium diskutiert wurde. Professor Pohl wusste sogar, in welcher Zuständigkeit auf Staatssekretärsebene die Gespräche geführt wurden. Wir tauschten uns mit Hartmut Pohl, mit dem wir auch schon sehr lange und vertrauensvoll zusammengearbeitet hatten, über die diskutierten Inhalte aus. Die Anonymität unserer Informanten wahrten wir natürlich wechselseitig.

Bei Interviews und Hintergrundgesprächen mit Vertretern der Sicherheits- und Versicherungsbranche versuchten wir das Interesse an biometrischen Daten generell zu eruieren. Dabei haben wir natürlich keinen Bezug zum Innenministerium oder zum neuen Personalausweis hergestellt, sondern ausgesprochen allgemein nachgefragt, um hier keine Spuren zu hinterlassen und keinen Argwohn zu erwecken.

Diese mehr oder weniger verdeckten Recherchen ergaben, dass die aus den Planungspapieren ersichtlich gewordenen Überlegungen von Branchenvertretern durchaus akzeptiert würden. Für die weitere Arbeit wäre ein direkter Zugang zum Informanten nicht schlecht. Deshalb baten wir einen Bekannten, dem Informanten eine unverfängliche Mail zu schreiben, in der ganz am Rande auch auf einen unserer kürzlich gesendeten Beiträge zum neuen Personalausweis Bezug genommen wurde.

In diesem Beitrag hatten wir nämlich in einem Kollegengespräch im Deutschlandfunk über Datensicherheitsprobleme beim neuen Personalausweis auch darüber gesprochen, dass die von den Behörden gespeicherten biometrischen Daten nahezu der gesamten Bevölkerung zumindest ab dem 16. Lebensjahr Begehrlichkeiten nicht nur bei den Sicherheitsbehörden, sondern auch bei Unternehmen verschiedener Branchen wecken müssten. Der Informant meldete sich daraufhin telefonisch bei unserem Bekannten und erhielt von diesem eine sichere Einmal-Telefonnummer, unter der er uns erreichen konnte.

Als er dort anrief, tauschten wir private Postadressen aus. Daraufhin schrieben wir dem Informanten eine Postkarte, auf der notiert war, an welchem Tag und zu welcher Uhrzeit Tante Frieda an Gleis 3 des Berliner Hauptbahnhofs eintreffen würde.

Von Postkarten werden bekanntlich keine Verbindungsdaten ausgewertet. Für die folgende Kommunikation vereinbarten wir bei diesem Treffen einen toten digitalen Briefkasten. So waren keine Datenspuren gelegt, die zu unserem Informanten führen konnten. Im persönlichen Gespräch und durch die nachfolgende Kommunikation über den toten digitalen Briefkasten waren wir über den Stand der „Gedankenspiele" eines Weiterverkaufs biometrischer Daten immer auf dem neuesten Stand.

Entscheidend ist dabei das Timing An einem Freitag teilten wir der Pressestelle des Bundesinnenministeriums unseren Recherche- und Erkenntnisstand mit und baten um Stellungnahme. Dabei erwähnten wir lediglich, dass uns Indizien vorlägen, denen zu Folge über einen Verkauf biometrischer Daten der Personalausweisinhaber im Ministerium nachgedacht werde. Die Pressesprecherin formulierte daraufhin druckreif für die Geschichtsbücher: „Entsprechende Gedankenspiele werden wohl doch noch erlaubt sein". Das war natürlich Reporterglück.

Die Oppositionsparteien im Deutschen Bundestag hatten wir an demselben Tag um eine Einschätzung der „Gedankenspiele" gebeten, so dass die Frist zur Weiterverbreitung dieser Nachricht recht kurz war. Nachdem der Beitrag samstags gesendet und auch in den Nachrichten darauf Bezug genommen worden war, erreichte uns schon am Sonntag ein dringender Anruf unseres Informanten auf einer

Einmal-Notfallnummer. Er berichtete, dass die Mitarbeiter seiner Arbeitsgruppe für den kommenden Montag beim Abteilungsleiter einbestellt worden seien.

In den Tagen nach einer solchen Veröffentlichung ständig erreichbar zu sein, am besten über eine geheime und nur dem Informanten bekannte Einmal-Telefonnummer, ist für die Informanten-Betreuung und damit für den Informantenschutz von ganz erheblicher Bedeutung. Denn unmittelbar nach einer Veröffentlichung brisanter Daten, stellen sich nicht wenige Informanten plötzlich die Frage, wie sie mit dieser Veröffentlichung umgehen sollen.

Wie sollen sie sich in entsprechenden Diskussionen am Arbeitsplatz verhalten? Welche beruflichen oder vielleicht sogar strafrechtlichen Konsequenzen wird ihr Verhalten nunmehr für sie haben? Mit welchen Methoden wird ihr Arbeitgeber nach der „undichten Stelle" suchen?

In den Stunden nach solch einer Veröffentlichung werden viele Informanten plötzlich unsicher. Sie brauchen einen Gesprächspartner, mit dem sie über ihr weiteres Verhalten und die wohl wahrscheinlichen Geschehnisse der nächsten Tage sprechen können.

Deshalb ist es wichtig, vor der Veröffentlichung einen sicheren Kommunikationskanal für den Informanten einzurichten. Das kann ein verschlüsselter Chat sein, eine Einmal-Telefonnummer, ergänzt durch ein sicheres Handy beim Informanten oder der Empfehlung, von einem der wenigen noch vorhandenen öffentlichen Fernsprecher, und zwar nicht unmittelbar in Wohnungsnähe anzurufen.

Empfehlenswert ist es, dem Informanten zu berichten, was in ähnlich gelagerten Fällen in der Vergangenheit geschehen ist und ihm klarzumachen, dass er sich in den kommenden Tagen und Wochen auf gar keinen Fall aus der Deckung wagen darf. Empfehlenswert ist außerdem, mit ihm noch einmal alle Maßnahmen zu besprechen, die während der Recherche ergriffen wurden, um den Schutz des Informanten vollständig sichern zu können.

Bei prominenten Informanten hat es sich als taktischen Vorteil erwiesen, den Informanten in seiner offiziellen Funktion mit einem unverdächtigen Zitat oder O-Ton in den Beitrag zu nehmen. Unserer Erfahrung zufolge sind solche Informanten schnell aus dem Blick der Whistleblower-Sucher geraten, weil hochrangige Behördenleiter und Manager davon ausgehen, dass Informanten in der in Frage stehenden Angelegenheit niemals öffentlich in Erscheinung treten.

Auch während der ersten Arbeitstage nach der Veröffentlichung braucht der Informant „seinen" Journalisten als Gesprächspartner. Im Fall der biometrischen Daten wurde den Mitgliedern der Arbeitsgruppe unseres Informanten seitens der Amtsleitung mitgeteilt, man sei kurz davor, die undichte Stelle aufzuspüren.

Die Konsequenzen würden massiv sein. Allerdings gäbe es mildernde Umstände und die Angelegenheit würde in einem milderen Licht gesehen, wenn der Informant bereit sei, auszusagen, ihm sei von den Journalisten für die in der Veröffentlichung verwendete Information Geld angeboten und auch übergeben worden.

Berichtet der Informant von einer solchen Strategie, bedeutet das zweierlei: Die Leitung des Hauses ist auf Grund der eingetretenen Situation nach der Veröffentlichung ziemlich verzweifelt oder/und unter großem Druck. Sie kann keine belastbaren Indizien vorlegen, die beispielsweise Ermittlungen gegen eine konkrete Person auslösen könnten.

Zweitens baut die Leitung des Hauses in solch einer Situation auf die Nervenschwäche der nach ihrem Dafürhalten möglichen Informanten und bietet ihnen eine Art Kronzeugenregelung an. Wichtig ist es, dem Informanten deutlich zu vermitteln, dass es sich hier um eine Strategie der Verzweiflung handelt und er außerdem kaum mit mildernden Umständen rechnen kann, wenn er sein Whistleblowing etwa der Behördenleitung anvertrauen würde.

Zum Standardrepertoire der Behörden zählt nach unserer Erfahrung, Journalisten, die aus vertraulichen Dokumenten zitiert haben, den Tatbestand der Anstiftung oder Beihilfe zum Geheimnisverrat vorzuwerfen. Es handelt sich dabei um eine bloße Einschüchterungsstrategie.

Einige Jahre nach der Sendung über die Gedankenspiele zum Verkauf biometrischer Daten im Innenministerium haben wir von einem Kontaktmann einer Sicherheitsbehörde erfahren, dass sämtliche Telefonüberwachungen, Auswertungen von Log-Dateien der einschlägigen Web-Server und die Auswertung von Mailkontakten und Nachverfolgung von Internet-Protokoll-Adressen auf Ministeriumsrechnern keinerlei Hinweise auf den damaligen Whistleblower erbracht hätten. Natürlich wollte unsere behördliche Sicherheitsfachkraft von uns dann gern erfahren, wer denn nun dieser so sorgsam abgeschirmte Informant gewesen sei. Das war eben ein netter Versuch ….

Weiterführende Literatur

Johannes Ludwig, Investigativer Journalismus. Recherchestrategien – Quellen – Informanten (Konstanz : UVK 2002)

Informanten im Netz schützen

Zusammenfassung

Sobald sich die Notwendigkeit ergibt, mit Informanten zusammenzuarbeiten, müssen Journalisten ihre gesamte Netzkommunikation besonders absichern. Während einer investigativen Recherche mit Informanten-Kommunikation spaltet der Journalist die recherchierende Journalisten-Persönlichkeit von seiner bürgerlichen Person ab. Auch im Netz lebt er in dieser Zeit mit mehreren Identitäten.

Schlüsselwörter

Verschleierung · Informantentarnung · Tarnidentitäten · Erstkontakte · Domain Name System

Vorgebliche Anonymität des Journalisten ist kein wirksamer Schutz für Informanten. Diese schmerzhafte Lektion haben wir spätestens im Jahr 2004 lernen müssen. Damals erhielten wir Hinweise, dass sich der technische Geheimdienst der Vereinigten Staaten von Amerika eine Hintertür zu Verschlüsselungsalgorithmen verschafft habe, die nach dem damals brandneuen und für absolut sicher gehaltenen Advanced Encryption Standard arbeiteten. Die genauen Recherchen ergaben, dass die NSA in einigen weit verbreiteten Implementierungen von AES-Algorithmen die Ersetzungsboxen kontrollierten.

Zunächst erreichte uns eine Nachricht mit einem allgemein gehaltenen Verdacht, dass die NSA sich diesen Zugang zu den Ersetzungsboxen verschafft habe.

Dann wurden Indizien nachgeliefert, die diesen Verdacht wesentlich erhärteten. Ab diesem Zeitpunkt surften und mailten wir vorgeblich anonym durchs Netz, d. h. wie nutzten das TOR-Netzwerk, verschlüsselten unsere Mail, tunnelten den Datenverkehr, um die Metadaten der Kommunikation zu verwischen. Genau das machte uns verdächtig. Ein Gewährsmann aus dem europäischen Hauptquartier der NSA in den Stuttgarter Patch Barracks machte uns darauf aufmerksam.

Tarnidentitäten sind der einzige Weg dieser Überwachung zu entgehen. Wir berieten uns mit einem früheren Interpol-Fahnder, der zu dieser Zeit als Sicherheitsberater für Nichtregierungsorganisationen unterwegs war, und erhielten von ihm zwei wichtige Hinweise: als erstes die vorgeblich anonyme Kommunikation mit unserem Informanten für die nächsten zwölf Wochen völlig einzustellen und wieder zu unserem früheren Surf- und Kommunikationsverhalten im Netz zurückzukehren. Als zweite wichtige Maßnahme riet er uns, Tarnidentitäten im Netz aufzubauen, um allmählich wieder über eine dieser getarnten Identitäten verschleierte Kommunikationskanäle zu unserem Informanten auszugestalten.

Um die Ergebnisse vorwegzunehmen: Die Verschleierung der Kommunikationskanäle glückte. Mit der Berichterstattung über die gekaperten Ersetzungsboxen im Sommer 2004 erreichten wir allerdings überhaupt nichts. Selbst ein großer Teil der Netzgemeinde befand, dass diese Berichterstattung unglaubwürdig sei, weil eine Kontrolle der Ersetzungsboxen einzelner Verschlüsselungsalgorithmen nach dem AES durch die NSA von der Krypto-Community doch hätte bemerkt werden müssen. Die von Edward Snowden beschafften Papiere gaben uns zwar neun Jahre später Recht. Doch so richtig freuen konnten wir uns über diese Genugtuung dann auch nicht mehr.

Solche Tarnidentitäten im Netz betreffen mittlerweile nicht nur Mail-Accounts und verschleierte IP-Adressen beim Surfen, sondern auch Accounts der verschiedenen sozialen Netzwerke und nicht-registrierte SIM-Karten samt Mobiltelefonnummer.

Getarnte Mail-Adressen sind dabei der Dreh- und Angelpunkt. Denn die werden zur Einrichtung von Fake-Accounts auf sozialen Plattformen unbedingt benötigt. So war uns im Jahr 2010 die Kommunikation mit Aktivisten der Anonymous-Bewegung ausschließlich über Facebook möglich. Dafür musste ein – inzwischen aufgegebener – entsprechender Account verfügbar sein. Solche Tarn-Accounts sollten nicht zeitnah vor der Etablierung des Kommunikationskanals eingerichtet werden, weil dann gegebenenfalls über die zeitliche Nähe ein Ermittlungsansatz Sicherheitsbehörden, zu denen auch Nachrichtendienste zählen, und Privatermittlern im Netz gegeben wird.

Im Dezember 2010 hatte ein von Anonymous-Aktivisten per Überlastungsattacke angegriffenes Kreditkartenunternehmen eine international agierende Detektei beauftragt, die Identität der Angreifer zu ermitteln. Die Kommunikation mit den Anonymous-Aktivisten musste also sorgfältig abgesichert werden.

Wäre ein getarnter Facebook-Account erst zum aktuellen Zeitpunkt der Kommunikation mit den Anonymous-Aktivisten neu eingerichtet worden, hätte dies zur Enttarnung der Aktivisten führen können, weil die Ermittler Neu-Accounts überprüften, da sie die Kommunikationstaktik der Aktivisten bereits ermittelt hatten und wussten, dass die Kommunikation mit Journalisten von dieser Gruppe bevorzugt via Facebook abgewickelt wurde.

Da für die Kommunikation aber ein bereits seit vielen Monaten bestehender Account des sozialen Netzwerks genutzt wurde, lag dieser Kommunikationskanal außerhalb des Ermittlungsrasters der Netzdetektive. Bevorzugte Social-Media-Kanäle in der Kommunikation mit Informanten sind neben Facebook und Twitter inzwischen auch Youtube und Instagram. Via Youtube lassen sich zum Beispiel Vorschläge für Treffpunkte in einer kurzen Videosequenz sehr einfach mitteilen. Und Fotos mit Textbotschaften auf Instagram sorgen dafür, dass der Informant wichtige Nachrichten lesen kann, ohne sich verdächtig zu machen. Um solche Social-Media-Accounts einzurichten, ist allerdings die Angabe einer Mail-Adresse vonnöten.

Ein anonymer E-Mail-Account bei einem Spezialanbieter kann das genauso gut sein wie ein anonymes FreE-Mail-Konto bei einem deutschen Anbieter. Bewährt hat sich, stets einen kleinen Vorrat von einem halben Dutzend Mail-Accounts für solche Zwecke zu haben. Bei deutschen FreE-Mail-Anbietern ist nicht immer garantiert, dass über eine Anonymisierungs-Plattform wie etwa anonymouse.org auf das Konto zugegriffen werden kann, um seine Internet-Protokoll-Adresse zu verschleiern.

Wenn aber ein anonymer oder gefakter Mail-Account nur benötigt wird, um ein anonymes Konto auf einer Social-Media-Plattform anzulegen, reicht es völlig aus, ein Konto eines deutschen FreE-Mail-Anbieters zu nutzen. Zudem ist das Anlegen eines Social-Media-Accounts in der Regel nicht so zeitkritisch, dass sich ein FreE-Mail-Konto via Anonymisierungs-Plattform verbieten würde.

Ist nämlich der Zugriff auf das Konto gerade nicht von einer Anonymisierungs-Plattform möglich, empfiehlt es sich, in die nächstgelegene öffentliche Bibliothek zu gehen und dort einen entsprechenden Arbeitsplatzrechner zu nutzen. Achtet man darauf, dass für die vertrauliche Kommunikation nur solche Social-Media-Accounts genutzt werden, die schon vor Jahresfrist oder länger angelegt sind, so ist die Chance einer Enttarnung über die IP-Adresse einer öffentlichen Bibliothek ausgesprochen gering, der Sicherheitsstandard also recht hoch.

Beim Informationsaustausch mit den Anonymous-Aktivisten haben wir einen recht hohen Sicherheitsstandard gewählt, weil wir wussten, dass zwei ausgewiesene Netzspezialisten aus Frankfurt am Main von einem der betroffenen Kreditkartenunternehmen beauftragt waren, die Urheber der Denial-of-Service-Attacken gegen die Server des Unternehmens ausfindig zu machen. Hier lagen Insider-Informationen vor, dass deutsche Journalisten von den Ermittlern überwacht würden, die in der Vergangenheit über Aktionen von Anonymous berichtet hatten.

Der Erstkontakt zu niederländischen Anonymous-Aktivisten wurde über Facebook aufgebaut. Der dafür genutzte Facebook-Account bestand bereits zwei Jahre und war mit Hilfe eines Mail-Accounts beim Anbieter Hushmail eingerichtet worden. Über Facebook verabredeten wir lediglich, konkrete Treffinformationen ab sofort per Youtube auszutauschen. Der verwendete Youtube-Account war ebenfalls bereits vor längerer Zeit eingerichtet worden. Dafür war eine anonymisierte Mailadresse bei Google verwendet worden.

Wir stellten auf dem zuvor per Facebook bekanntgegeben Youtube-Account einen animierten Comic ein, der Ort und Zeitpunkt eines möglichen Treffs enthielt. Die Treffangaben wurden wöchentlich aktualisiert. Nach drei Wochen erschien ein Ansprechpartner zu einem vorgeschlagenen Treff, händigte aber lediglich Daten eines Youtube-Accounts aus, über den die Aktivisten den dann demnächst stattfindenden Treff bestätigen wollten. Die Aktivistengruppe aus dem Umfeld des Imageboards 4Chan stellte auf diesem Youtube-Account animierte Katzenbilder, die im MP4-Format abgespeichert waren, ein. Der Unterhaltung der Katze war der vorgeschlagene Treffpunkt zu entnehmen.

Das Treffen fand dann im niederländischen Groningen statt. Drei Aktivisten gaben uns nähere Informationen zu den Auseinandersetzungen, die zwischen Wikileaks- und Anonymous-Aktivisten auf der einen Seite und Mastercard, Visa und Paypal auf der anderen Seite seit einigen Wochen stattfanden. Wir haben uns im Winter 2010 bei dieser Recherche noch wie bei anderen Recherchen durch die Aufnahme von Interviews abgesichert, bei denen wir sofort nach der Aufnahme die Stimmen der Interviewpartner verzerrten und die Originalaufnahme sofort verschlüsselten.

Diese Praxis haben wir im Frühjahr 2014 aufgegeben, nachdem sich herausgestellt hatte, dass amerikanische Sicherheitsbehörden seit dem Jahr 2009 in der Lage sind, Zeitpunkt und Gebietsangaben eines Interviews durch die Analyse der in die Aufnahme eingestreuten Elektrischen Netzfrequenz zu ermitteln. Im Winter 2010 allerdings wussten wir von diesen Möglichkeiten noch nichts.

Die Recherche förderte spannende Details zu Tage. Um die Enthüllungsplattform Wikileaks tobte im Frühwinter 2010 ein regelrechter Cyberkrieg. Wikileaks-Server wurden angegriffen, die Webserver von Mastercard, Paypal, Visa und Amazon mit Datenpäckchen bombardiert. Dabei sind zwei unterschiedliche Techniken verwendet worden. Die Wikileaks-Unterstützer haben bei ihren Attacken auf die Web-Server von Mastercard und Co eine klassische Denial-of-Service-Attacke gefahren, während die Angriffe auf die Wikileaks-Server und auf die Name-Server der Registrare und Netzdienstleister mit Exploits gefahren wurden, also Sicherheitslücken ausgenutzt wurden, um die Datenbanken der Name-Server zu manipulieren und so zu realisieren, dass die Wikileaks-Server nicht mehr zu erreichen waren.

Den Hackern aus der Wikileaks-Unterstützer-Szene ging es in erster Linie darum, öffentlichkeitswirksam die Web-Auftritte von Mastercard, Visa und Paypal, aber auch Amazon zu stören. Die Angriffe auf Wikileaks und auf die Registrare waren jedoch von gänzlich anderem Kaliber. Bei diesen Angriffen ging es darum, die Netz-Infrastruktur so zu manipulieren, dass die Wikileaks-Dateien im Internet nicht mehr verfügbar sind.

Zu den Attacken auf die Mastercard- und auf die Visa-Server haben sich dann zwei Gruppen bekannt, nämlich eine Anonymous-Gruppe, die aus den Niederlanden operiert hatte und mit deren Aktivisten wir uns in Groningen getroffen hatten. Außerdem war noch eine Gruppe aus dem Umfeld des Imageboards 4chan, deren Mitglieder aus dem Großraum Amsterdam kamen, an diesen Attacken beteiligt.

Die Aktivisten verwendeten hier ein Angriffs- und Koordinierungswerkzeug namens Low Orbit Ion Cannon. Damit wurden Denial-of-Service-Attacken durchgeführt, die von einem Koordinierungsrechner aus gestaltet werden konnten. An diesen Attacken hatten sich immerhin mehr als 5000 PC-Besitzer aktiv beteiligt. Denn bei den Attacken mittels Low Orbit Ion Cannon musste der PC-Besitzer mitspielen.

Er musste das Tool auf seinem Rechner installieren und sein Einverständnis geben, dass die Attacke durchgeführt werden konnte. Dabei konnten dann sowohl von einem Steuerungsrechner die Flut der Datenpäckchen auf das Angriffsziel gesteuert werden, als auch händisch von jedem einzelnen angeschlossenen PC aus zusätzlich noch Datenpäckchen losgeschickt werden.

Die Gegner von Wikileaks schlugen ebenfalls mit Denial- of-Service-Attacken zurück. Von unseren Informanten aus dem Anonymous-Umfeld erhielten wir Daten, mit denen diese Attacken zu einem Server zurückverfolgt werden konnten, der im Winter 2010 in Maryland stand. Und dieser Server war in der Vergangenheit bereits aufgefallen, weil von dort Steuerungsbefehle aus der NSA-Zentrale in Fort Meade zurückverfolgt werden konnten.

Allerdings hatten die Wikileaks-Gegner es nicht bei einfachen DDOs-Attacken belassen, sondern sie setzten Exploits ein, also Angriffssoftware, die Sicherheitslücken ausnutzte. Und hier haben sie damals in erster Linie einen Speicherüberlauf genutzt, um eine Schadsoftware auf Name-Server zu bringen, die den Wikileaks-Eintrag aus der Datenbank für das Domain-Name-System löschte. Die ab dem Jahr 2013 erfolgten Enthüllungen von Edward Snowden bestätigten diese Angriffsstrategie dann als eine typische Angriffsmethode von NSA-Dienstleistern.

Dazu liefen mehrere Berichte im Deutschlandfunk. Die von den Kreditkartenunternehmen beauftragten Ermittler haben erst nach den Sendungen von diesen Recherchen erfahren. Das ist ein sicheres Zeichen, dass wir die Recherchen ausreichend abgesichert und unsere Informanten geschützt haben. Das Rezept für diese Art von Informantenschutz ist bei Licht besehen nämlich recht einfach. Leider beachten viele Kolleginnen und Kollegen die banalsten Vorsorgemaßnahmen nicht.

Jeder Rechercheur muss bei seiner Arbeit stets daran denken, dass er mit seiner IP-Adresse stets seine digitale Visitenkarte bei allem, was er im Netz treibt, hinterlässt und auf diese Weise prinzipiell identifizierbar ist. Um das zu verhindern, legt er sich in Fällen wie dem geschilderten anonyme Accounts auf Facebook, Twitter, Youtube oder Instagram zu, weil er über diese Social-Media-Plattformen mit seinen Informanten Kontakt aufnehmen und halten will.

Dabei ist ein Wechsel der Plattformen durchaus angeraten. Zum Anlegen dieser Accounts werden anonyme Mail-Konten genutzt, die von Anbietern Anonymous Speech, Zwooka, Hushmail oder Hid My Ass bereitgestellt werden. In nicht ganz so sensiblen Fällen reichen auch anonymisierte Konten bei deutschen FreE-Mail-Anbietern.

Social-Media-Accounts für die Kommunikation mit Informanten sollten schon vor längerer Zeit angelegt worden sein und für ein bestimmtes Rechercheprojekt möglichst nicht frisch angelegt werden, damit sie unterhalb des Radars der zahlreichen im Netz ermittelnden Sicherheitsfachkräfte bleiben. Sowohl das Anlegen der Social-Media-Accounts als auch die Kommunikation mit Informanten über Facebook & Co darf nur anonym über einen PC erfolgen, auf keinen Fall via Smartphone. Dafür kann der eigene PC genutzt werden.

Alle Vorsichtsmaßnahmen für das anonyme Surfen im Netz müssen dann aber unbedingt beachtet werden. Das hat einen einfachen, aber technischen Hintergrund, den leider viele Journalisten nicht so recht sehen wollen. Es lässt sich aber ziemlich simpel erklären.

Alle im Web erreichbaren Computer werden einheitlich adressiert. Die entsprechenden Adressierungsvorschriften sind im sogenannten URL-Format (Uniform Resource Locators) festgelegt. Dabei bedient sich das Web derselben Internet-Protokoll-Adressen wie alle anderen Internet-Dienste auch. Jedem Rechner ist eine eindeutige Adresse zugeordnet, die aus vier Zahlen zwischen 0 und 255 besteht. Rein rechnerisch lassen sich damit etwa vier Milliarden Adressen vergeben.

Weil das nicht reicht, wird seit einigen Jahren Version 4 des Internet-Protokolls von Version 6 abgelöst. Dennoch haben wir es gegenwärtig überwiegend mit Internet-Adressen in der numerischen Schreibweise der Protokollversion 4 zu tun.

Mit IP-Version 6 kann der steigende Bedarf an Internet-Protokoll-Adressen locker befriedigt werden. Hier sind mehr als 340 Sextillionen Internet-Protokoll-Adressen verfügbar. 10 hoch 36: das ist eine Sextillion. Gehen wir mal von den Milliarden aus. Denn IP-Version 4 stellt ungefähr vier Milliarden IP-Adressen bereit.

Nach der Milliarde kommt die Billion, nach der Billion die Billiarde (10 hoch 15). Dann kommen die Trillion, die Trilliade, die Quadrillion, die Quadrilliarde. Mit der Quintillion sind wir dann bei 10 hoch 30, also springen wir weiter zur Quintilliarde. Nach der Quintilliarde kommt dann endlich die Sextillion. Umgerechnet heißt das, dass jeder Mensch auf dieser Erde - und davon haben wir fast sieben Milliarden - für sich rund 340 Millionen IP-Adressen in Anspruch nehmen und haben kann.

Die Internet-Protokoll-Adresse der Webpräsenz www.welchering.de lautete vor sieben Jahren zum Beispiel „150.78.141.6". Doch welcher Nutzer will sich schon diese numerische Netzadresse merken, um aktuelle Blogeinträge lesen zu können. Mit richtigen Namen tun wir uns da leichter.

„Das gilt auch für Programmierer, die ihren Arbeitsmaschinen gern Namen geben und auf diese Weise manchmal sogar ein sehr persönliches Verhältnis zu ihrem Computer entwickeln", meint Professor Leonard Kleinrock, der mit seinem Kollegen Vinton Cerf das Internet vor über 30 Jahren im Auftrag des amerikanischen Verteidigungsministeriums entwickelt hat. Deshalb sind den einzelnen Netzrechnern auch Namen zugewiesen worden. Spezielle Programme sorgen dabei für die Umsetzung der Namen in die jeweilige numerische Netzadresse.

„Als das Netz nur einige Dutzend Rechner hatte, war diese Umsetzung noch eine einfache Sache", erinnert sich Professor Kleinrock. Auf jedem Netzrechner gab es eine spezielle Datei mit den Namen aller Rechner und deren numerischer Rechneradresse. Das ist bei mehreren Millionen Rechnern natürlich nicht mehr handhabbar. Deshalb wurde das gesamte Internet hierarchisch in Untergruppen

(Domains) eingeteilt, die sich in der ausgeschriebenen Namensadresse von rechts nach links aneinanderreihen.

Im Fall der Web-Adresse www.welchering.de bezeichnet das ganz rechts stehende Kürzel „de", dass der Rechner, auf dem die Präsenz aufliegt, in Deutschland steht. Die Top-Level-Domain „at" beispielsweise wird benutzt, wenn der Rechner in Österreich steht, „uk" ist die Domain für Großbritannien. Nicht jede Top-Level-Domain steht jedoch für die Kennzeichnung eines Landes.

Es gibt auch eine Gruppierung von Rechnernamen nach Tätigkeitsbereichen und Zuständigkeiten, die ursprünglich allerdings weitgehend auf die Vereinigten Staaten beschränkt war, inzwischen aber weltweit benutzt werden kann. „Com" ist etwa die Top-Level-Domain für Unternehmensadressen, „edu" steht für education und darf von Universitäten, Schulen und anderen Bildungsstätten benutzt werden. Namen, die links von einer Domain stehen, bezeichnen dabei immer eine Untergruppe innerhalb dieser Domain.

So ließe sich die Domain „welchering" noch in „Redaktion", „Journalistenausbildung" oder „Politik" aufspalten. Die entsprechenden Internet-Adressen wären dann: „redaktion.welchering.de" beziehungsweise „politik.welchering.de". Man arbeitet sich eben von rechts nach links, und das heißt vom Allgemeinen zum Speziellen vor.

Jeder Web-Server im weltweiten Internet hat also neben dem Server- oder Domain-Namen (z. B. welchering.de) auch eine IP-Adresse (z. B. 150.78.141.6). Erst durch diese eindeutige IP-Adresse wird ein Server identifiziert.

Die Datenbanken des Domain Name System stellen nun eine logische Verbindung zwischen dem Domain-Namen und dieser IP-Adresse her. Die Netze der einzelnen Internet-Provider tauschen ihre Daten zudem über das sogenannte Border Gateway Protocol aus, das ist eine Art globales Navigationssystem für das Internet. Dieses Routenprotokoll legt fest, wie die Daten von einem Provider-Netzwerk zum nächsten weiter gereicht werden, bis sie ihren Empfänger erreicht haben.

Rufe ich beispielsweise die Website www.welchering.de auf, schickt der Webbrowser von meinem PC aus Daten an das Rechenzentrum des Providers, bei dem die Webpräsenz welchering.de aufliegt. Dabei wird allerdings keine direkte Leitung zwischen meinem PC und dem Provider-Rechenzentrum aufgebaut. Vielmehr werden einzelne Datenpäckchen von meinem PC an den Provider-Rechner geschickt. Von meinem PC abgeschickt, landen sie auf dem nächstgelegenen Internet-Knotenrechner. Der berechnet den schnellsten Weg zum Provider-Rechner und schickt die Datenpäckchen weiter. Das geht blitzschnell und dauert zwischen wenigen Millisekunden und einigen Sekunden, je nachdem wieviel Datenverkehr im Internet gerade fließt und wie viel der Rechner des Providers derzeit zu tun hat.

Schicke ich zum Beispiel ein Foto an den Provider-Rechner, werden die Fotodaten je nach Dateigröße auf einige Dutzend bis hin zu mehreren hundert Datenpäckchen aufgeteilt. Jedes Datenpäckchen enthält außer den Nutzdaten auch noch sogenannte Headerdaten, die für den Transport und das Zusammensetzen der Datei beim Empfänger notwendig sind. So sind im Header oder Kopf eines jeden Datenpäckchens die Internet-Protokoll-Adressen des Absenders und des Empfängers, die Identifizierung des vorhergehenden und nachfolgenden Datenpäckchens sowie die Bearbeitungsvermerke der Knotenrechner und Angaben des Border Gateway Protocol gespeichert.

Allein mit den Header-Angaben aus diesen Datenpäckchen können Journalisten umfassend überwacht werden. - zum Beispiel von Nachrichtendiensten. In der Internet-Überwachung geben vor allen Dingen der technische amerikanische Geheimdienst National Security Agency und die in der Lingshui-Anlage auf der Insel Hainan stationierte Netz-Nachrichtentruppe der chinesischen Volksbefreiungsarmee den Ton an.

Das britische Government Communications Headquarters und die netztechnische Abteilung im Nachrichtendienst des russischen Präsidenten (früher SSSI) liegen im Mittelfeld. Ziemlich abgeschlagen nehmen der Bundesnachrichtendienst und die französische Direction Generale de la Securite Exterieure (DGSE) hintere Plätze auf der Rangliste der Netzspione ein.

Beim Einsammeln der Daten aus dem Internet verwenden die weltweit tätigen Dienste alle ganz ähnliche Methoden. Ganz oben auf der Einsatzliste steht das Anzapfen von Glasfaserkabeln. Telekommunikations- und Kabelgesellschaften stellen dafür sogar eigene „Ausleitungsschnittstellen" zum Beispiel an den Übergabepunkten von Seekabeln zur Verfügung.

Diese Ausleitungsschnittstellen sind im Wesentlichen standardisiert und machen wenig Arbeit. Deshalb sind sie bei den Datenbeschaffern mit den Schlapphüten auch so beliebt. Die Methode hat allerdings den Nachteil, dass sie uneingeschränkt nur auf eigenem Hoheitsgebiet und mit mehr oder weniger großen Einschränkungen versehen auf dem Staatsgebiet befreundeter Dienste funktioniert.

Doch Glasfaserkabel lassen sich zum Glück für die Geheimdienste leicht anzapfen. Das erledigen Agenten im Feldeinsatz. Die gehen einfach zu den Glasfaserverteilerkästen, die sich in Abständen von drei bis fünf Kilometern auf der gesamten

Übertragungsstrecke befinden. In diesen Verteilerkästen werden die Glasfasern in sogenannten Spleisskassetten miteinander verbunden und die Signale verstärkt.

Praktischerweise sind oftmals auch die einzelnen Leitungen genau gekennzeichnet, so dass der Datenspion nicht lange nach dem richtigen Anschluss suchen muss. Vierkantschlüssel für den Verteilerkasten, ein Overall für das vermeintliche Wartungspersonal und ein sogenannter Biege-Koppler zur Umleitung der Glasfaser gehören zur Grundausstattung der Lauscher.

Vom Biege-Koppler wird der Datenstrom dann auf einen PC geleitet, gespeichert und analysiert. Wenn Glasfasern leicht gebogen werden, tritt ein Teil des Lichts aus, das die Daten transportiert. Moderne Lauschgeräte benötigen nur weniger als zwei Prozent der optischen Leistung der Glasfaser, um das komplette Signal abzugreifen und in Bits umzuwandeln.

Häufig ist aber nicht einmal die direkte Arbeit an der Glasfaser nötig, um Daten abzufangen. Denn auf vielen Glasfaserstrecken ist eine sogenannte Y-Brücke für Wartungszwecke geschaltet. An die muss sich der Datenspion mit seinem Empfänger nur ankoppeln, um alle Daten, die über dieses Leitungsbündel gehen, abhören zu können. Außerdem verliert jedes Glasfaserkabel immer etwas Licht. Die Kabel lecken. Fotodetektoren können diese „Rayleigh-Streuung" genannte Lichtmenge auffangen und in digitale Signale verwandeln. Das von der Deutschen Telekom AG beim Europäischen Patentamt angemeldete Verfahren zur Aufzeichnung von „Signalen aus einer Glasfaser" erfreut sich bei allen Geheimdiensten großer Beliebtheit.

Aufwändiger in rechentechnischer Hinsicht ist das Einsammeln von Datenpäckchen auf den Internet-Knotenrechnern. Wird zum Beispiel eine Mail von Stuttgart nach Frankfurt geschickt, so wird der Text dieser Mail auf verschiedene Datenpäckchen aufgeteilt. Im Kopf des Datenpäckchens stehen die sogenannten Metadaten, also zum Beispiel die Internet-Protokolladresse des Absenders, des Empfängers, welches Datenpäckchen diesem Päckchen folgt und welches ihm vorhergeht.

So kann ein Teil der Datenpäckchen von Stuttgart über Mannheim nach Frankfurt geschickt werden, ein anderer Teil vielleicht über München und Berlin. Das hängt von den jeweils verfügbaren Kapazitäten der Datenleitungen und der Internet-Knotenrechner ab. Solche Knotenrechner sind entweder einfache Router oder aber regelrechte Austauschpunkte mit regelrechten Vermittlungsrechnern und -Servern, an denen sich mehrere Internet-Dienstleister zusammengeschlossen haben und an denen teilweise sogar der Datenverkehr zwischen verschiedenen Netzen ausgetauscht wird.

„Die Datenpäckchen, die auf solchen Internet-Knotenrechnern für die Weiterleitung zwischengespeichert werden, sind mit sehr einfachen Mitteln abzuschöpfen und auszuspionieren, sogar zu manipulieren", meint der Sicherheitsberater und Informatik-Professor Hartmut Pohl. Das erfolgt automatisch mit frei erhältlicher Überwachungssoftware.

„**Der Zugriff auf solche Internet-** Knotenrechnern ist von jedem Rechner mit Internet-Verbindung möglich", zeigt Pohl auf. Dem abschöpfenden Geheimdienst muss allerdings die Internet-Protokolladresse (IP-Adresse) des Knotenrechners bekannt sein. „Aber die lässt sich über eine IP-Rückverfolgung leicht ermitteln", meint Sicherheitsberater Pohl. Auch dafür gibt es Standardsoftware.

Allerdings müssen die so abgeschöpften Datenpäckchen wie in einem Puzzle zur ursprünglichen Datei, beispielsweise einer Mail oder einem Konstruktionsplan, zusammengesetzt werden. Das erledigt eine Analysesoftware.

Da jedoch Aber-Millionen von Datenpäckchen nach ihren Meta- oder Kopfdaten dafür ausgewertet werden müssen, benötigen die Geheimdienste ziemlich hohe Rechenkapazitäten. Deshalb hat die National Security Agency in Bluffdale, im US-Bundesstaat Utah, ein Rechenzentrum gebaut, dessen Server im Endausbau bis zu einer Trillion Terabyte verarbeiten und auswerten können sollen. Bislang allerdings liegt diese Endausbaustufe noch in weiter Ferne. Erreicht wurden im Sommer 2016 140 Billiarden Terabyte.

Immerhin können auf diese Weise 30 Prozent des weltweit standardmäßig verschlüsselten Datenverkehrs entschlüsselt werden. Dabei ist allerdings nur der eigentliche Datenteil des Datenpäckchens, nicht aber der Datenkopf mit den Angaben zu den Internet-Protokoll-Adressen verschlüsselt. Eine solche Verschlüsselungsmethode wird zum Beispiel beim Online-Banking verwendet, aber auch, um verschlüsselte Mails zu versenden.

Um diese Datenpäckchen entschlüsseln zu können, benötigt der Empfänger eine Entschlüsselungserlaubnis, ein sogenanntes Zertifikat. Die ersetzen bei dieser Art der Verschlüsselung sozusagen die für die Entschlüsselung sonst benötigten Passwörter.

Die Geheimdienste besorgen sich solche Zertifikate entweder direkt von den Providern, oder sie fälschen sie. Und dann können sie mit der Berechtigung, sich verschlüsselte Datenpäckchen im Klartext anzeigen zu lassen, direkt mitlesen. Verschlüsselte Daten, bei denen das nicht der Fall ist, landen in Bluffdale und werden dort aufwändig entschlüsselt. Für sehr aufwändige Entschlüsselungen rechnet ein solcher Supercomputer dann schon einmal einige Stunden. Etwas schwieriger wird es, wenn direkt über Passwörter Dateien verschlüsselt werden. Hier muss allerdings der Empfänger das Passwort für die Entschlüsselung der verschlüsselten

Datei, die über das Internet verschickt wurde, kennen. Deshalb werten Geheimdienste Mailverkehr, Briefpost und Telefongespräche sehr intensiv daraufhin aus. Die so ermittelten Passwörter können dem Empfänger dann auch direkt zugeordnet werden. Das funktioniert inzwischen flächendeckend.

Weiterführende Literatur

Manfred Kloiber, Jan Rähm, Peter Welchering, Peter: Bits und Bomben. Cyberwar: Konzepte, Strategien und reale digitale Kontroversen (München: AVM 2012)

Der PC und seine verräterischen Spuren

Zusammenfassung

Die Fachleute nennen es forensische Analyse. Der Sachverhalt dahinter ist sehr einfach: Selbst wenn Journalisten alle sensiblen Dateien auf der Festplatte ihres PC löschen, es bleiben genügend Informationen und Daten zurück, um genau analysieren zu können, mit welchen Themen der Journalist sich gerade beschäftigt, woran er arbeitet und vor allen Dingen: woher er seine Informationen bezieht. Diese verräterischen Spuren auf dem eigenen PC müssen beseitigt werden. Darum geht es hier.

Schlüsselwörter

Löschen · Temporäre Dateien · Dokumente restaurieren · Forensik · Metadaten der Dokumente

Die Festplatte aufräumen: Das ist für viele PC-Benutzer eine wundervolle Arbeit zwischendurch, quasi eine kontemplative Entspannungsübung für die Stunden, in denen keine Aufträge abzuarbeiten sind oder die Nachrichtenlage schlichtweg dünn ist. Für jeden Ordnungsfanatiker ist das ein Fest an sich. All die temporäre Dateien zu löschen, die der Browser, die Textverarbeitung oder das Videoschnittprogramm - weiß der Teufel wozu – so verschwenderisch angelegt hat. Oder die ganzen Vorversionen von alten Manuskripten, die jetzt nicht mehr gebraucht werden.

Ordnung machen, das macht richtig Spaß, wenn es nicht all zu oft ist. Und wenn dann noch das Defragmentier-Programm nach stundenlanger Arbeit alle Dateiblöcke neu sortiert hat, dann läuft die Maschine auch noch schneller – glaubt man. Doch so schön das Aufräumen auch ist – für mehr Sicherheit sorgen all diese Maßnahmen kaum. Das ist – ohne zusätzliche Maßnahmen – kaum mehr als Festplattenkosmetik.

Wer aber mit sensiblen Dokumenten hantiert und dafür Sorge tragen muss, diese Dokumente sicher vor fremden Zugriff zu schützen, der muss sich gründlich und intensiv um alle verräterischen Spuren kümmern, die der PC in seinem Umgang mit Texten, Tönen und Bildern hinterlässt.

Nahezu jedes Programm erzeugt temporäre Dateien. Sie werden im normalen Betrieb von fast jeder Anwendungssoftware regelmäßig erzeugt, um Daten zwischen zu speichern, Sicherheitskopien anzulegen, oder Dokumente zusammenzufügen. Wenn alles gut geht, das Programm also ausnahmsweise mal nicht abstürzt, fallen diese temporären Dateien dem User gar nicht richtig auf. Sie sind in der Regel unsichtbar, weil sie meist in sehr versteckten Verzeichnissen des Betriebssystems angelegt werden und beim regulären Beenden des Programms auch wieder gelöscht werden.

Beispiel Word: Das beliebte Textverarbeitungsprogramm des Herstellers Microsoft legt in Windows unmittelbar nach Öffnen einer Datei (zum Beispiel „Dateinamen.doc") eine temporäre Datei im gleichen Verzeichnis an. Sie wird ähnlich wie die Original-Datei benannt. Lediglich die ersten beiden Zeichen werden durch die Sonderzeichenfolge „~$" ersetzt (also „~$teiname.doc").

Diese Datei wird sichtbar, wenn man etwa während der Bearbeitung mit dem Dateibrowser Nachforschungen anstellt. Dazu muss allerdings in Windows bei den Ordner-Optionen „Geschützte Systemdateien ausblenden" deaktiviert sein.

Sollte einmal die Textverarbeitung während der Arbeit an einem großen Werk abstürzen, dann kann die temporäre Datei unter Umständen die letzte Rettung sein. Nach dem regulären Ende der Bearbeitung allerdings wird diese Datei gelöscht. Das Kreuz mit den temporären Dateien hat man allerdings nicht nur mit Textverarbeitungsprogrammen, sondern mit nahezu jeder Bearbeitungssoftware: Ob Videoschnittprogramm, Tonbearbeitungssoftware oder Texteditor: Sie alle arbeiten extensiv mit temporären Dateien.

Und nicht immer werden sie vom Programm automatisch gelöscht. Mitunter ist das eine Frage der Einstellung, manchmal ist es sogar unmöglich, temporäre Dateien automatisch löschen zu lassen. Und selbst wenn - wer genügend Krimis im Fernsehen gesehen hat, der weiß: Gelöscht ist nicht wirklich gelöscht. Das wird später noch erklärt.

Jedes Dokument hat seine Geschichte. Da wir schon einmal bei der Textverarbeitung sind, schauen wir uns die gleich mal an. Nicht nur die temporären Dateien sind eine verräterische Quelle auf dem PC. Auch die Dokumenten-Dateien selbst sind für jeden halbwegs gewieften Rechercheur eine wahre Fundgrube. So steht in einem Word-Dokument weitaus mehr als das Bearbeitungsfenster anzeigt. Schon ein Blick in die „Eigenschaften" des Dokumentes offenbart jede Menge Metainformationen, die unter Umständen sehr kompromittierend sind. Beispielsweise, wer der erste Autor des Dokumentes ist, wann es angelegt wurde und wann es geändert wurde (Abb. 1).

Noch informativer ist es, die Option „Änderungen verfolgen" zu aktivieren. Dann nämlich wird einem mit bunten Hervorhebungen klar gemacht, wer was wann geändert hat. Auf Anhieb sind allerdings nur die Änderungen zu sehen,

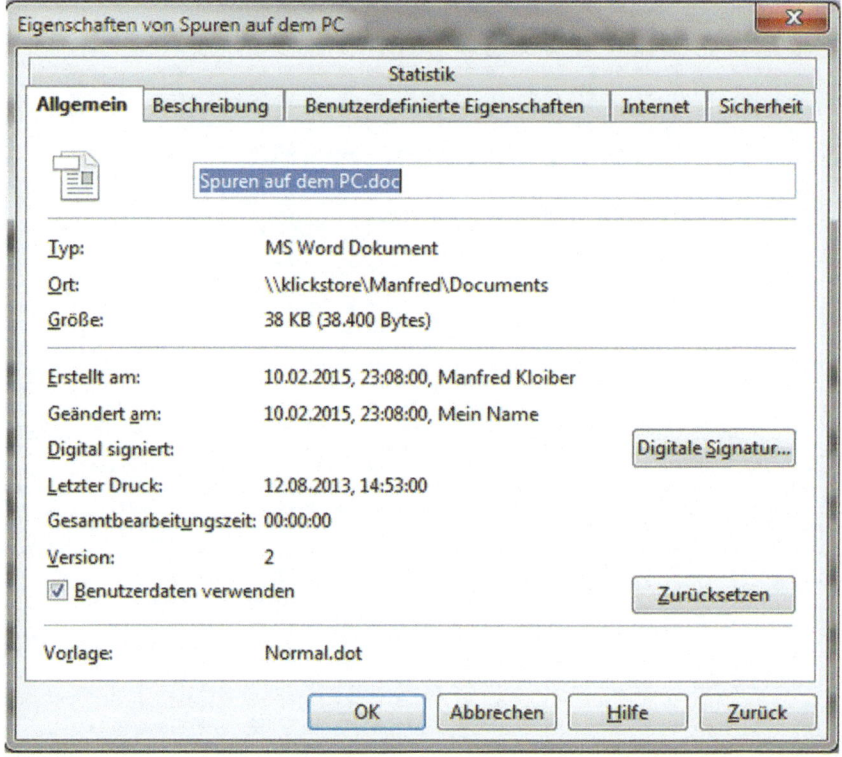

Abb. 1 Der Eigenschaften-Dialog in OpenOffice mit den Metainformationen zu diesem Text

die tatsächlich auch vorgenommen wurden und die mit der Option „Änderungen während der Bearbeitung markieren" absichtlich nachvollziehbar gemacht wurden.

Wer allerdings mit einem Spezialwerkzeug, mit einem sogenannten Binäreditor eine Word-Datei öffnet, der findet unter Umständen die ganze Historie von Schreiben, Löschen, Ändern, Verwerfen, Neuschreiben und wieder Ändern ungeschönt vor. Solch ein Programm, zum Beispiel der kostenlose HxD-Editor von Maël Hörz (http://www.mh-nexus.de), zeigt schonungslos jedes Byte in einer Datei an (Abb. 2).

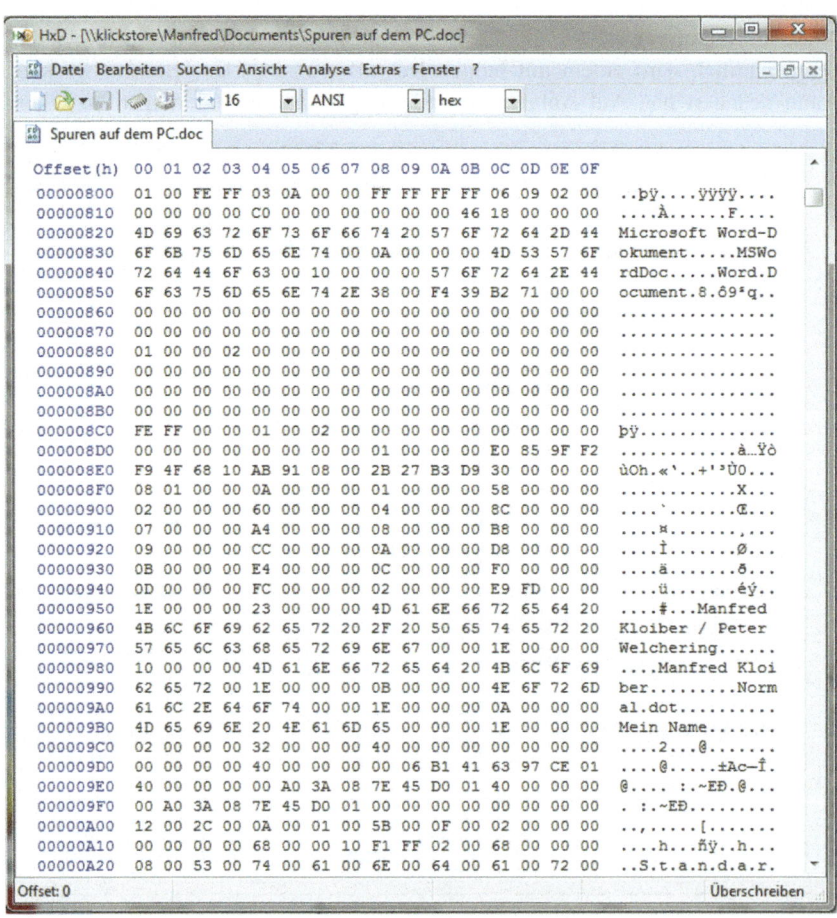

Abb. 2 Die Word-Datei zu diesem Kapitel im Binär-Editor HxD

Eine im Binär-Editor geöffnete Word-Datei kann unter Umständen wie völlig wirrer Buchstabensalat aussehen. Eine vernünftige Analyse verlangt große Routine und fundiertes Wissen über den Aufbau der unterschiedlichen Dokumenten-Strukturen.

Auf der anderen Seite hat die minutiöse Untersuchung mit diesem Tool fast schon die Qualität von Gedankenlesen. Aus diesem Grund sind vor allem Word-Dateien sehr schlecht geeignet, um damit zum Beispiel sensible Informationen weiter zu geben. Sie verraten mit ihren Metainformationen und den ganzen versteckten Text-Fragmenten einfach viel zu viel über die Quelle an sich.

▶ An dieser Stelle ein wichtiger Hinweis zu „Kostenlos-Software" aus dem Internet. Nicht immer machen die Programme das, was sie vorgeben zu tun. Oft installieren Sie einfach nur einen Trojaner, also ein Schnüffelprogramm. Oder sie dienen dazu, andere Programme mit Werbung zu installieren. Daher sollte man bei jedem Freeware-Programm vorher die Referenzen in den einschlägigen Infoportalen der großen Computer-Zeitschriften studieren. Zudem werden selbst bei an sich guten Programmen oft noch andere, meist nutzlose Programme co-installiert. Vor dieser „Crapware" ist man leider nicht gefeit. Im Installationsprozess wird die Installation ungebetener Software meist versteckt angekündigt und die entsprechenden Häkchen bei den Abfrageboxen sind bereits gesetzt. Deshalb ist besonders bei der Installation von Freeware höchste Vorsicht geboten. Jeder Installationsschritt sollte peinlich genau geprüft werden!

Besser ist es, Dokumente in einem unverfänglicheren Datei-Format weiter zu geben. Soll das Dokument nicht nur den reinen Textinhalt anzeigen, sondern auch eine bestimmte Aufmachung, Formatierung oder Gliederung, so kann man es mit einem PDF-Drucker in ein PDF-Dokument umwandeln. Das beliebteste Tool hierfür ist der PDF-Creator (http://de.pdfforge.org/pdfcreator). Es ist ein spezieller Druckertreiber, der nicht wirklich schwarz auf weiß oder Farbe Papier bedruckt, sondern stattdessen eine PDF-Datei mit dem Abbild des Ausdrucks erzeugt (**Abb. 3**).

Auch in der so entstandenen Datei sind Metadaten enthalten (siehe „Eigenschaften"), aber die umfangreiche Historie der Entstehung des Ausgangs-Dokumentes ist garantiert weg. Deshalb darf der PDF-Creator auf keinem Journalisten-PC fehlen! Dieses kostenlose Tool ist auch für viele andere Anwendungszwecke ein idealer Helfer.

Abb. 3 Der PDF-Creator druckt ein beliebiges Dokument als PDF-Datei aus. Auch hier entstehen Metadaten!

Bei reinen Textdokumenten ist es noch viel einfacher, eine Datei ohne verräterische Metadaten zu kreieren. Die simpelste Lösung ist, das Dokument als „Textdatei ohne Formatierung" mit der Datei-Endung „.txt" abzuspeichern. Das Textverarbeitungsprogramm entfernt dann selbständig alle Neben-Informationen und schreibt nur den reinen „Netto-Text" in die Datei.

Übrig bleibt ein völlig unstrukturierter Text, bei dem allenfalls die Absätze zur Gliederung beitragen. Formatierungen wie Fettdruck, Kursivschrift, Unterstreichung, Hochstellung oder Schrifttype gehen sämtlich verloren!

Wer ganz sicher sein will, dass eine Datei keinerlei verräterischen Spuren enthält, der kommt nicht umhin, sie selbst mit einem Binär-Editor zu untersuchen und sie ggf. von unerwünschten Informationen zu befreien (**Abb. 4**).

Bei der Textverarbeitung ist die Handhabung von temporären Dateien und verräterischen Metadaten noch relativ einfach und übersichtlich. Beim Browsen durch die unendlichen Weiten des World Wide Web auf der Suche nach brisanten Informationen wird die Angelegenheit allerdings richtig kompliziert.

Der PC und seine verräterischen Spuren

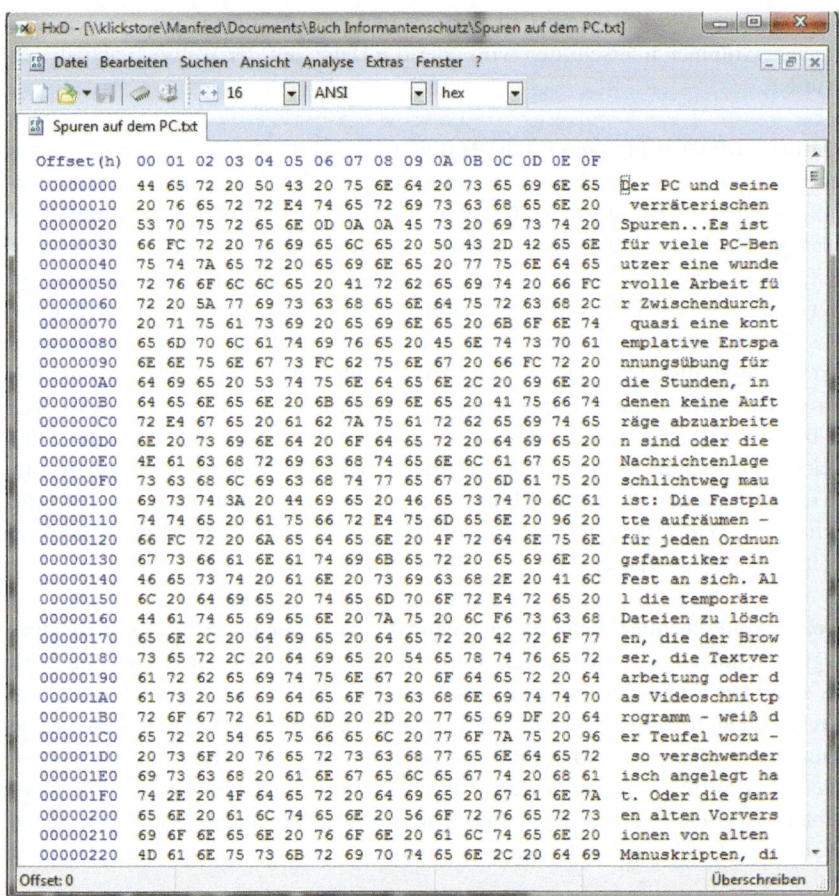

Abb. 4 Eine saubere. txt-Dati im Binär-Editor HxD

Denn in Browser-Dateien stecken viele private Informationen. Die Browser-Programme laden in der Regel alle Webseiten, die sie anzeigen, standardmäßig in den sogenannten Cache. Das ist ein speziell ausgewiesenes Verzeichnis auf der Festplatte, in dem sämtliche Daten der Surftouren zwischengespeichert werden. So müssen sie nicht jedes Mal beim Aufruf einer Seite neu geladen werden, sondern nur wenn Aktualisierungen anstehen.

Etliche Daten und Info-Elemente auf Webseiten scheinen aber manchmal wie in Stein gemeißelt, sie werden nur sehr selten geändert. Deshalb behalten auch die Browser in solch einem Fall ihre Cache-Dateien, solange bis ein gewisses Speichervolumen überschritten wird oder die Daten auf der Webseite aktualisiert wurden.

Dann werden die ältesten Cache-Dateien für neue gelöscht. Teilweise können aber die Höchstspeicherdauer oder ein Aktualisierungszeitraum im Browser voreingestellt werden. Neben den Cache-Dateien legen die Browser auch standardmäßig eine Historie an. Hier werden alle Internet-Adressen, die man besucht aufgelistet. Die Cache-Verzeichnisse sind bei fast allen Browser extrem gut versteckt. Beim beliebten Mozilla Firefox zum Beispiel ist es bei Verwendung des Betriebssystems Windows 7 unter „C:\Users\BenutzerName\AppData\Local\Mozilla\Firefox\Profiles\sessionID.default\cache" versteckt. Der Mozilla-Browser zeigt einem den Speicherort an, wenn man in die Adresszeile (URL) „about:cache" eingibt. Beim Internet-Explorer unter Windows 7 findet man das Cache-Verzeichnis unter „C:\Users\BenutzerName\AppData\Local\Microsoft\Windows\Temporary Internet Files". Für Opera und andere Browser sind die Orte des Cache ganz ähnlich weit von der Root (bei Windows dem Stammverzeichnis „C:\") entfernt.

Leider sind das aber nicht die einzigen Orte, an denen temporäre Dateien abgelegt werden, ganz zu schweigen von den lästigen Cookies. Deshalb empfiehlt es sich, den Cache mit der im Browser integrierten Funktion „Cache leeren" zu säubern. Die findet man meist im Einstellungs-Dialog der Programme. Auch die Funktionen „Historie löschen" und „Cookies löschen" sind in diesem Zusammenhang sehr hilfreich. Wer sich dieses „Extra-Löschen" ersparen will, kann bei sensiblen Surftouren gleich vor Beginn den „privaten Surfmodus" einstellen. Dann werden weder Caches noch Historien erzeugt.

> ▶ Im „privaten Surfmodus" werden zwar auf dem eigenen Rechner keine Spuren erzeugt. Dennoch können im Internet jede Menge Spuren entstehen, zum Beispiel beim Internet-Anbieter oder beim Netzwerkadministrator in der Redaktion. Man sollte sich also nicht in falscher Sicherheit wiegen, auch wenn man den Privat-Modus aktiviert hat!

Doch sollte man auf jeden Fall, wann immer man Caches oder Historien manuell löscht, zur Sicherheit nachsehen, denn doppelt genäht hält besser. Dazu inspiziert man noch mit dem Dateibrowser das Dateiverzeichnis des Caches, damit auch wirklich alle Dateien gelöscht sind. Womit wir schon beim nächsten Thema und einem großen Irrtum der Computer-Technologie sind.

Gelöscht ist nicht wirklich gelöscht. Und darin liegt ein großes Problem. Der Irrtum beginnt schon beim sogenannten Papierkorb, der meist rechts unten am Bildschirmrand (warum eigentlich meistens dort?) auf Dokumente zum Schreddern wartet. Jeder, der den Papierkorb schon einmal näher betrachtet und geöffnet hat, weiß, dass dort ein Großteil der gelöschten Dokumente wieder hervorgekramt werden kann. Wie im echten Leben auch - solange der Inhalt des Papierkorbs nicht der Müllabfuhr übergeben wurde.

Und selbst dann noch ist was zu machen In Wahrheit wird eine Datei beim normalen Löschen nur aus dem bisherigen Verzeichnis auf der Festplatte in ein spezielles Löschverzeichnis verschoben. Solange die Datei nicht „wirklich unwiderruflich gelöscht" wird (so fragt Windows nach, wenn eine Datei aus dem Papierkorb entfernt werden soll), ist sie nur von einem Regal ins andere gewandert.

Doch selbst wenn jetzt „wirklich gelöscht" wird, wird nicht wirklich gelöscht. Die Datei wird einfach nur vom Dateiverwaltungssystem vergessen. Sie wird aus der Dateiliste, aus der File Allocation Table (FAT) gestrichen - mehr nicht.

Die Datei als physisch vorhandene Magnetisierungsspur auf der Festplatte bleibt erst einmal, wo sie ist. Um es sich noch einmal klar zu machen, was passiert, sei ein Vergleich mit dem Büromateriallager in der Redaktion erlaubt. Die Lagerverwaltung weiß genau, wo Bleistifte Stärke HB zu finden sind und wie viel Stück noch vorhanden sind – denn das steht im Lagerbuch. Doch wenn der entsprechende Eintrag im Lagerbuch entfernt wird, dann hilft nur noch eins: Suchen! Denn die Bleistifte sind ja noch da.

Mit den Dateien ist es genau so wie mit den Bleistiften. Um die Dateien wirklich verschwinden zu lassen, muss man sie durch Überschreiben mit anderen Daten komplett von der Festplatte entfernen. Das bedeutet, dass man genau an der Stelle auf der Festplatte, wo die einzelnen Bytes einer Datei in den Magnetpartikeln verewigt sind, diese Bytes aktiv überschreiben, also andere Daten an der selben Stelle abspeichern. Leider verrät das Betriebssystem dem normalen User nicht, wo genau auf der Festplatte eine bestimmte Datei tatsächlich verewigt wurde. Glücklicherweise gibt es aber Programme, die diese Zuordnung in der FAT, dem internen Dateiverzeichnis, herausfinden und dann genau an diesen Stellen neue Daten schreiben können.

▶ Programme, die vermeintlich gelöschte Dateien auffinden, können meist auch irrtümlich gelöschte Dateien wieder herstellen. Solche Programme als Freeware sind mit einer Suchmaschine leicht unter dem Stichwort „Datenrettung" aufzufinden.

Wer nach dem Begriff „sicher löschen" in einer Suchmaschine sucht, wird reich mit Links belohnt. Zahlreiche OpenSource- und Freeware-Programme nehmen einem diese Arbeit ab. Leider schwankt auch die Qualität dieser Programme sehr. Denn die Güte der Löscharbeit hängt von zwei Faktoren ab: Von der Zufälligkeit der neuen Daten, mit denen überschrieben wird, und von der Häufigkeit des Überschreibens.

Beide Aspekte haben damit zu tun, dass die Festplatte die Daten in Spuren auf der magnetischen Trägerscheibe ablegt. Und beim jedem Überschreiben dieser Datenspur kann es sein, dass der Schreibkopf nicht hundertprozentig exakt über der alten Datenspur schwebt. Es wird zwar eine neue Datenspur geschrieben, die auch fehlerfrei als neue Datei gelesen werden kann.

Doch an den Rändern der Spur gibt es unter Umständen noch Restspuren mit den alten Daten, die in hochgerüsteten Festplatten-Labors analysiert werden können. Man darf getrost davon ausgehen, dass Strafverfolgungsbehörden und Nachrichtendienste auf solch einen Datei-Service der besonderen Art Zugriff haben.

Deshalb empfiehlt zum Beispiel das Bundesamt für Sicherheit in der Informationstechnik, sensible Daten bis zu sieben Mal durch Überschreiben zu löschen,[1] damit sie am Ende wirklich richtig gelöscht sind. Dies kann unter Umständen ein sehr langwieriger Prozess sein. Allerdings gibt es auch hierfür nützliche Helfer-Programme, die zum Beispiel über Nacht alle Dateien im Papierkorb richtig und endgültig löschen. Oder aber den gesamten freien Speicherplatz auf einer Festplatte von alten, zwar aus der FAT gelöschten, aber nicht richtig zerstörten Dateien befreit.

Unter dem Betriebssystem Windows ist das Open-Source-Programm „Eraser" des Herstellers „Heidi Computers Ltd." sehr beliebt (http://eraser.heidi.ie). Es sorgt zum Beispiel dafür, dass Dateien im Papierkorb auf Wunsch wirklich gelöscht werden oder dass freier Speicherplatz komplett unwiderruflich gelöscht wird.

Im Einstellungsmenü können dafür unterschiedliche Zufallsmuster ausgewählt werden, mit denen Überschreibdaten erzeugt werden, und auch die Anzahl der Löschzyklen kann definiert werden. Zudem kümmert sich das Programm auch um die richtige Behandlung von USB-Sticks, Solid-State-Disk (SSD) oder Flash-Karten. Sehr praktisch ist die Integration einiger Löschfunktionen in das Windows-Kontextmenü. Um einzelne Dateien vollständig zu löschen, muss nicht erst umständlich das Programm Eraser gestartet werden und dort die zu löschenden Dateien

---

[1] https://www.bsi-fuer-buerger.de/BSIFB/DE/MeinPC/RichtigLoeschen/richtigloeschen_node.html

Der PC und seine verräterischen Spuren 53

angegeben werden. Direkt aus dem Windows Explorer heraus oder jeder anderen Stelle mit Datei-Kontext-Menüs erscheint die Möglichkeit, eine Datei unmittelbar mit Eraser zu löschen. (Abb. 5)

▶ USB-Speichersticks und Solid-State-Disk, die sogenannten SSD-Festplatten, haben gegenüber den traditionellen magnetischen Festplatten erhebliche Vorteile. Sie sind viel schneller im Zugriff auf Daten, sowohl beim Schreiben als auch beim Lesen. Sie benötigen für den Betriebs wesentlich weniger Energie, was vor allem bei tragbaren Computern von Vorteil ist. Sie erzeugen weniger Wärme und sind robuster, da sie nur aus Halbleitern bestehen und keine beweglichen Teile haben. Doch die Flash-Speicher haben zwei Probleme: Erstens bieten sie einen erheblichen Anschaffungswiderstand. Der Marktpreis Anfang 2015 für eine 1 Tera-Byte-SATA Flash-Disk liegt bei ca. 380.- Euro, während eine herkömmliche Festplatte nur mit ca. 55.- Euro zu Buche schlägt. Zweitens ist die Lebensdauer beschränkt:

▶ Ein und dieselbe Speicherzelle kann man nur 100.000 bis zwei Millionen mal überschreiben. Deshalb haben Flash-Chips eine interne und völlig

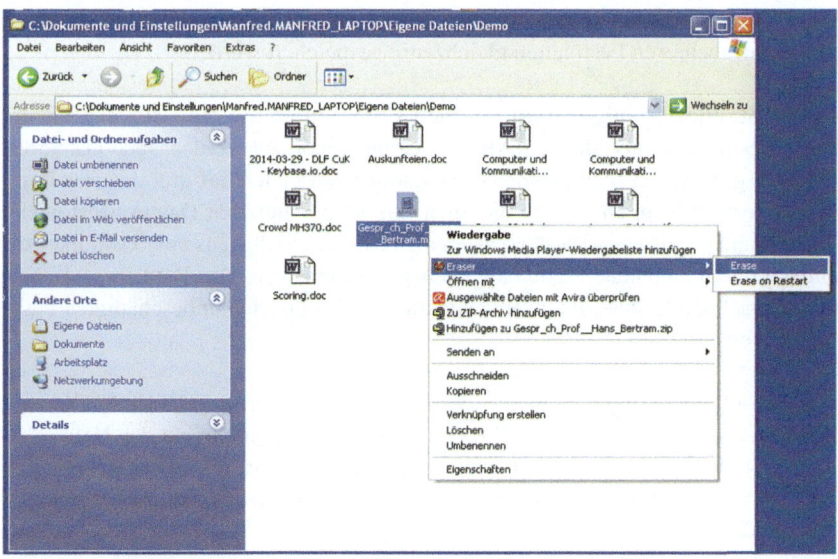

Abb. 5 Sicheres Löschen aus dem Kontext-Menü heraus

autarke Logik, die dafür sorgt, dass alle Speicherzellen gleichmäßig oft wiederverwendet werden. Das aber macht ein gezieltes Überschreiben von zu löschenden Daten sehr schwierig. Wirklich sicher löschen kann man eine bestimmte Datei auf einem USB manchmal nur, indem alle Speicherzellen auf dem Stick oder der SSD beschreibt. Dies dauert unter Umständen sehr lange und kann die Lebensdauer des Speichers reduzieren. Der Datenrettungsspezialist Kroll Ontrack beschreibt in zwei Dokumenten sehr detailliert, wie man SSDs[2] und Mobile Geräte[3] sicher löscht.

Netzwerkspeicher sind ein Problemfall für sich. Seit dem Verfall der Preise für Festplatten werden Network Attached Storages, kurz NAS genannt, immer beliebter. NAS sind äußerst praktische Geräte und eigentlich für jedes professionell arbeitende Redaktionsbüro Pflicht. Es handelt sich um eine separate Speichereinheit für das Netzwerk, auf dem alle Nutzer Ihre Daten hinterlegen können.

NAS gibt es in unterschiedlichen Speichergrößen, Festplattenanzahl und Geschwindigkeiten. Die Preise dafür variieren zwischen dem 3- und dem 5-stelligen Euro-Bereich – je nach Anforderung. Wirklich gute Geräte haben dazu mehr als zwei Festplatten an Bord, die zu einem sogenannten Raid gekoppelt werden. Das Redundant Array of Independent Disks sorgt dafür, dass Dateien im NAS immer auf mehreren Festplatten gleichzeitig gespeichert werden.

In der Standardkonfiguration beispielsweise besteht das NAS aus vier identischen Festplatten, die mit der RAID-Steuerung gekoppelt werden. Jede Datei, die im NAS gespeichert werden soll, wird automatisch gleich auf drei der vier Festplatten festgehalten. Dies sorgt für einen extremen Schutz vor Datenverlust wichtiger Dateien. Fällt eine Harddisk wegen eines Plattenschadens aus, kann man sie einfach durch eine neue Platte baugleichen Typs ersetzen. Das Raid sorgt danach automatisch dafür, dass die neue Festplatte mit den Dateien unbeschädigten Festplatten versorgt wird.

▶ Ihre Dateien sind Ihr Kapital – deshalb sind sie auf einem NAS mit RAID besser aufgehoben als auf einem einfachen PC. Bringen sie das NAS allerdings in ihrem Büro an einem sicheren, möglichst unzugänglichen Ort unter. Diebe stehen unter Stress und Zeitdruck – sie nehmen mit,

---

[2] http://www.krollontrack.de/cms/library/KO-white-paper-SSD-de.pdf
[3] http://www.krollontrack.de/cms/library/mobile-geraete-wp.pdf

was einfach einzupacken ist. Deshalb sollte das NAS besonders schwer zu entwenden sein.

Allerdings ist die hohe Betriebssicherheit als Datenspeicher für den umgekehrten Fall, nämlich für die rückstandslose Vernichtung von Daten, ein echtes Problem. Wird nämlich eine Datei im NAS gelöscht, so wird sie auf allen Festplatten des NAS lediglich aus der jeweiligen Dateitabelle gestrichen.

Um sie wirklich zu löschen, müsste sie auf jeder Festplatte im NAS – wie schon für die PC-Festplatte erklärt - mehrfach überschrieben werden. Allerdings gibt es für NAS keine geeigneten Tools zum echten Löschen der Daten. Und zu allem Überfluss sind die Daten auch noch gleich auf mehreren Festplatten vorhanden.

Die allermeisten NAS haben auch keine eingebaute Funktion zum sicheren Löschen von Dateien. Deshalb gehen die Ratschläge in den einschlägigen Internetforen von „jede einzelne Festplatte nacheinander ausbauen, mit dem PC sicher löschen und wieder einbauen, nächste Festplatte" bis hin zu „schreddern".

Formatieren ist auch kein Löschen. Was für das Löschen von Dateien gilt, das hat auch beim Formatieren Bestand: Formatieren beseitigt keine Datenspuren! Beim Formatieren eines Datenträgers wird lediglich das Datei-Verwaltungssystem neu angelegt. Zwar werden alle Tabellen, in denen verzeichnet ist, wo welche Daten stehen, gelöscht.

Doch die Daten selbst bleiben größtenteils erhalten. Festplatten-Spezialisten haben nach einer einfachen Formatierung nicht allzu große Mühe, die ursprünglichen Dateien wieder auszulesen und zugänglich zu machen. Wer also komplette Datenträger wirklich sicher löschen will, dem stehen im Grunde zwei Möglichkeiten offen: Entweder die ganze Platte professionell mehrfach überschreiben oder schreddern! Letzteres ist natürlich barbarisch, auch wenn in wirklichen Hochsicherheitsbereichen zuerst professionell gelöscht wird und danach professionell geschreddert!

Welche Anforderungen an professionelle Datenvernichtung gestellt werden und mit welchen Methoden sie erfüllt werden können, das beschreibt ausführlich ein Leitfaden[4] des Bundesverbandes Informationswirtschaft, Telekommunikation und neue Medien e.V. (BITKOM) in Berlin. Zahlreiche Aktenvernichter bieten übrigens auch für die fachgerechte Entsorgung von Datenträgern Ihre Dienste an. Solche Unternehmen gibt es in nahezu jeder größeren Stadt. Sie arbeiten meist

---

[4] http://www.bitkom.org/files/documents/Leitfaden_Sicheres_Datenloeschen_Version_2-0_vom_300508.pdf

tatsächlich mit einem Schredder, der aus der Festplatte echten Feinschrott macht. Und je nach Sicherheitsanforderung kann man sogar die Größe der übrig bleibenden Metallteile auswählen.

Über den Verbleib von gebrauchten Festplatten muss man sich vor allem dann Gedanken machen, wenn man alte Computer ausmisten will. Oft wird ja das gute Stück gar nicht verkauft, sondern an die Nachbarskinder verschenkt. Da darf die Festplatte nicht einfach fehlen, weil darauf auch das gebrauchte Betriebssystem installiert ist, das man mitverschenken kann und darf.

Sofern sogenannte Recovery-CDs vorhanden sind, mit denen sich der Originalzustand des PCs wieder herstellen lässt, hält sich der Aufwand in Grenzen. Zuerst wird dafür vollständig die Platte geputzt, also mit einem Spezialprogramm mehrfach die gesamte Platte mit zufälligen Daten überschrieben.

▶ Es ist leider nicht überflüssig, ausdrücklich vor dem Totalverlust sämtlicher Daten zu warnen! Befinden sich also auf der Festplatte noch erhaltenswerte Dateien, so müssen diese vor einer Komplettlöschung unbedingt auf einem anderen Datenträger, z. B. einem USB-Stick gesichert werden.

Erst wenn die Platte wirklich komplett gelöscht ist, kann der PC mit den mitgelieferten Recovery-CDs in seinen Auslieferungszustand versetzt werden. Leider benötigt das Alles Zeit. Das Komplett-Löschen der Festplatte kann getrost ohne weitere Bedienung über Nacht von statten gehen. Für die Neuinstallation des Betriebssystems allerdings sind bestimmt ein bis zwei Stunden einzurechnen. Gibt es keine Recovery-CDs, dann bleibt nur mühevolle Putzarbeit - alle Verzeichnisse abklappern und überflüssige Dateien entfernen. Evtl. helfen hier auch die Suchfunktionen des Betriebssystem, um z. B. alle *.doc oder *.docx-Dateien aufzufinden. Sind dann alle unerwünschten Dateien gelöscht, dann muss noch der freie Speicherplatz mehrfach überschrieben werden. Entweder per Löschprogramm, oder in dem man mit Kopien von einer großen Datei (zum Beispiel eine MPEG-Filmdatei mit mehreren hundert MBs) die Festplatte mehrfach auffüllt und danach wieder alle Kopien löscht.

Surfen ohne Spuren

Zusammenfassung

Wer anonym im Netz recherchieren oder anderweitig unterwegs sein will, muss an gleich vier Stellen dafür sorgen, dass er keine Spuren hinterlässt: auf der Festplatte des PCs, im Web-Browser, im eigenen Netzwerk und natürlich im Internet.

Schlüsselwörter

Internet-Cafe · Einmal-Browser · Log-Dateien · Tracking · Anonymisierungs-Plattformen · TOR · Cookies · Hotspots · Session-ID · Identitätsnummern · Daten-Dealer

Für sensible Recherchen und Informationen empfiehlt sich in der Regel der eigene PC nicht. Internet-Cafes und öffentliche PC zum Beispiel in Bibliotheken sind da die bessere Wahl. Wer in ein Internet-Cafe geht, um dort einen PC für anonyme Recherchen oder Kontaktaufnahmen zu nutzen, sollte darauf achten, dass der Eingang des Internet-Cafes nicht kameraüberwacht ist, und er sollte sich auch auf dem Weg zum Internet-Cafe so bewegen, dass er nicht von Überwachungskameras erfasst wird.

Im Internet-Cafe selbst kann der Tarif fürs Surfen natürlich nur bar bezahlt werden. Wer öffentliche PCs an Flughäfen nutzt, sollte sich zuvor vergewissern, dass der PC-Arbeitsplatz nicht kameraüberwacht ist. So hat Peter Welchering bis zum Jahr 2009 gern PCs im Abflugbereich des Hamburger Flughafens für

Recherchezwecke genutzt, das aber seit Oktober 2009 nicht mehr getan, als sich herausstellte, dass die installierte Webcam nicht nur fürs Skypen in den Aufnahmemodus schaltete, sondern bereits nachdem der Web-Browser aufgerufen wurde.

Einmal-Browser fürs Surfen von öffentlichen PCs aus zu verwenden, ist eine hilfreiche Angelegenheit. Auf einem Stick haben wir deshalb stets den Web-Browser namens Browzar bei uns. Er wird direkt vom Stick aus aufgerufen, und er hat die Voreinstellung „Sicherheitslöschen" aktiviert.

Denn in diesem Fall löscht der Einmal-Browser nach Beendigung der Sitzung alle verräterischen Spuren, wie zum Beispiel besuchte Webseiten. Weil wir ein einziges Mal feststellen mussten, dass Browzar beim Schließen des Browsers abgestürzt war und sich im Browser selbst noch die Chronik der zuletzt besuchten Seite auf meinem Stick befand, löschen wir auch den Einmal-Browser nach jeder Sitzung und downloaden ihn erneut. Wem auch immer dann der Browser-Stick in die Hände fällt, kann nicht nachvollziehen, was mit Hilfe des Browsers so getrieben wurde.

Natürlich ist Browzar kein Anonymisierungswerkzeug, d. h. die IP-Adresse des Rechners, an dem Browzar eingesetzt wird, wird übermittelt, wenn nicht zusätzlich eine Anonymisierungs-Plattform genutzt wird. In Internet-Cafes erlauben wir uns übrigens gern mal den Spaß und schauen uns beim Internet Explorer den Menüpunkt „Verlauf", beim Firefox den Menüpunkt „Chronik" an. Dabei erfahren wir dann nicht nur, welche Webseiten die Surfer vor uns aufgerufen haben, sondern können auch mit etwas Glück die Sitzung unseres direkten Vorgängers an diesem PC fortsetzen.

So nutzen Mitarbeiter des Landesamtes für Verfassungsschutz in Baden-Württemberg gern Rechner eines Internet-Cafes an der Königstraße, also mitten in der Fußgängerzone und Flaniermeile. Dass Peter Welchering, der sein Büro in der Stuttgarter Innenstadt hat, dieses Internet-Cafe auch gern nutzt, weil im Umkreis keinerlei Überwachungskamera installiert ist, muss wahrscheinlich nicht extra erwähnt werden.

Nachdem ein Welchering von Verfassungsschützerkonferenzen bekannter Landesamtsmitarbeiter seinen PC verlassen hatte, rief er den dort installierten Internet Explorer auf. Und siehe da: Der Schlapphutträger hatte seine Sitzung nicht ordnungsgemäß per Logout beendet, sondern einfach per Kreuz-Klick das Browser-Fenster geschlossen. Böse Menschen hätten sich in dieser Situation Zutritt zum Intranet der baden-württembergischen Verfassungsschützer verschaffen und die Mail des Mitarbeiters lesen können, weil er auch die Outlook-Sitzung nicht ordentlich abgemeldet hatte. Als gesetzestreuer Bürger tut man so etwas natürlich nicht.

Einige Voreinstellungen des Browsers lassen recherchierende Journalisten ein wenig sicherer surfen. So lohnt es sich durchaus, hin und wieder beim Feuerfuchs-Browser von Mozilla einmal den Befehl „about:cache" in die Browserzeile einzugeben. Sind keine weiteren Sicherheitseinstellungen gewählt, lässt sich jetzt studieren, wo überall auf der Welt mit diesem Browser gesurft wurde. Auf jeden Fall verrät der Browser, wo er sogenannte Caches angelegt hat, also Lager, in denen angesurfte Webseiten gespeichert werden.[1]

Auf dem PC, mit dem dieser Text geschrieben wurde, ist das zum Beispiel das Verzeichnis C:\Users\Welchering\AppData\Local\Mozilla\Firefox\Profiles\aiqtiw76.default\cache2. Solche Verzeichnisse sollten in regelmäßigen Abständen gelöscht werden – am besten natürlich mit dem von der National Security Agency entwickelten Programm Eraser, das nicht einfach Einträge in der Festplattentabelle löscht, sondern das Verzeichnis bitweise überschreibt, so dass wirklich keine Daten mehr rekonstruiert werden können.

Jeder Browser bietet verschiedene Datenschutz-Einstellungen an. Doch selbst der Nutzer, der die rigidesten Datenschutz- und Privacy-Einstellungen in seinem Browser verwendet, ist vor Überwachung nicht sicher. So laufen die meisten Web-Anfragen in Medienhäusern über sogenannte Proxy-Server. Mitarbeiter, die eine Webseite aufrufen wollen, werden zunächst auf diesen Server geleitet, der alle internetrelevanten Daten und das Surfverhalten eines jeden einzelnen Mitarbeiters aufzeichnet.

Zugang zu diesen Daten hat im Prinzip der System- und Webadministrator bzw. derjenige, der dessen Benutzernamen und Passwort kennt. Und die dürften im Fall der meisten Medienhäuser in Deutschland nicht nur Mitarbeitern der Nachrichtendienste bekannt sein, sondern auch zumindest der größeren Detekteien, die im Bereich Netzermittlung unterwegs sind. Deshalb verbieten sich sensible Recherchen und Kontakte vom Arbeitsplatzrechner des eigenen Medienhauses.

Anfangsrecherchen lassen sich gut vom häuslichen Rechner aus erledigen, wenn dort für schnelles Surfen beispielsweise die Anonymisierungsplattform anonymouse.org benutzt wird. Der Webserver von anonymouse.org übermittelt die eigenen Daten über den eingesetzten Browser, das verwendete Betriebssystem sowie die IP-Adresse an die angesurfte Webseite. Das ist zum Beispiel zu empfehlen, wenn Webseiten von Regierungen angesurft werden.

---

[1] Vgl dazu ausführlich die im vorherigen Kapitel beschriebenen Schutzmaßnahmen im Umgang mit Cache-Dateien

Denn die meisten Regierungswebsites speichern die IP-Adresse des Surfers samt eingesetztem Browser mit Plug-ins und aktuellem Betriebssystem. So ist Peter Welchering bei einem Interview mit einem Verteidigungsminister der Bundesregierung vor einigen Jahren aufgefallen, dass der Minister auf alle seine Fragen bestens vorbereitet war.

Des Rätsels Lösung ergab sich in einem Gespräch mit einem Ministeriumsmitarbeiter am Rande einer Konferenz. Die Webseite des Ministeriums zeichnete sämtliche Surfdaten auf. So wusste der Minister, welche Dateien mit welchen Inhalten sich Welchering in den Tagen und Wochen vor dem Interview angesehen hatte und konnte von seinem Surfverhalten auf seine Interviewfragen schließen.

Das überraschte uns ziemlich, denn Welchering hatte von seinem häuslichen PC aus gesurft, so dass dort allenfalls die ihm für eine bestimmte Zeit von seinem Internet-Provider vergebene IP-Adresse gespeichert werden konnte. Die ist aber nicht ihm persönlich zugeordnet, sondern lediglich dem Provider.

Internet-Provider protokollieren zwar, welche temporäre IP-Adresse sie über welchem Zeitraum welchem ihrer Kunden vergeben, aber diese Daten dürfen sie nur zu Zwecken der Strafverfolgung den Ermittlungsbehörden mitteilen, niemandem sonst. Die würden sie aber kaum dem Verteidigungsministerium mitteilen, wenn die nach den Daten eines Nutzers fragen, der auffällig oft Informationen über die Organisation des Kommandos Strategische Aufklärung auf der Website des Ministeriums aufgerufen hat.

Solche Ereignisse appellieren natürlich an die niedrigsten Ermittlungsinstinkte eines Journalisten. Wir forschten nach und fanden heraus, dass diese Surfdaten vom Provider tatsächlich nicht an Ministerien weitergegeben werden. Allerdings können sich Bundesnachrichtendienst und Militärischer Abschirmdienst diese Daten recht einfach besorgen, ohne richterliche Anordnung, ohne Anfrage beim Staatsanwalt, sogar ohne offizielles Ersuchen beim Provider. Sie greifen sich diese Daten einfach direkt an den kommerziellen Internet-Netzknoten ab.

Das Internet als Gesamtverbund besteht aus mehreren tausend Netzwerken weltweit. Die tauschen ihre Daten über sogenannte Internet-Knoten aus. So können zum Beispiel Kunden einer Kabelgesellschaft auf Web-Seiten zugreifen, die auf einem Server liegen, der von einer Telefongesellschaft betrieben wird. Und auch der länderübergreifende Datenaustausch läuft über diese Netzknoten.

Weltweit tun ungefähr 350 Netzknoten ihren Dienst, davon fast 200 in Europa, knapp 100 in den USA und Kanada. In der Sprache der Techniker werden sie mit „IXP" abgekürzt. Das steht für „Internet Exchange Point". An solch einem Internet-Austauschpunkt sind immer mehrere Netzdienstleister zusammengeschlossen, die über die hier betriebenen Knotenrechner Daten zwischen ihren Netzen austauschen.

Dabei gilt die Absprache, dass jeder an einem solchen Knotenpunkt kostenlos Daten in die Netze der anderen senden darf. Nur in einzelnen Fällen ist bei extremen Differenzen zwischen der in ein Teilnetz übermittelten Datenmenge und aus diesem Netz in die anderen Netze fließenden Daten ein finanzieller Ausgleich vereinbart. Diese Internet-Knoten werden auch gern als die Nervenknoten des Netzes bezeichnet. Bei Ausfällen von Servern oder Leitungen in einem solchen Knoten sind unter Umständen Anwender in der ganzen Welt betroffen.

Die an den IPX-Knoten direkt durchgeführten Überwachungsmaßnahmen von Regierungen können auch die Verschleierung über Anonymisierungsplattformen wie anonymouse.org aushebeln. Denn für die Übermittlung der Daten vom PC des Anwenders zum Server von anonymouse.org enthalten die Header der Datenpäckchen ja die ureigene IP-Adresse des Anwenders.

Erst auf dem Server von anonymouse.org werden diese Datenpäckchen in Tarndatenpäckchen von anonymouse.org mit deren IP-Adresse verpackt. Über diese Verbindung vom Anwender-PC zum Anonymouse-Server, auch als Problem der ersten Meile bekannt, kann jeder Anwender mit seiner IP-Adresse identifiziert werden.

Ganz sensible Daten und Kontaktaufnahmen müssen noch besser abgesichert werden. Hier kommt das Netzwerk TOR ins Spiel. Das Kürzel TOR steht dabei für The Onion Router, also den Zwiebelrouter. Und das kennzeichnet die Verschleierungsmethode dieses Netzwerkes ganz gut. Um an die relevanten Informationen zu kommen, müssen alle Verschleierungsschalen wie Zwiebelschalen entfernt werden. Und das ist aufwändig, weshalb TOR einen ziemlich hohen Sicherheitsstandard bietet.

TOR gibt es seit gut 13 Jahren. Entwickelt wurde der Verschleierungsdienst von der US Navy, die sich allerdings aus dem Projekt zurückzog, als TOR unter Bürgerrechtsaktivisten so richtig populär wurde. Koordiniert wird das Projekt seitdem von der Electronic Frontier Foundation. Die TOR-Software kann unter www.torproject.org heruntergeladen werden. Außerdem bietet die Bielefelder Digitalcourage-Gruppe um Padellun und Rena Tangens eine Version auf dem sogenannten Privacy Stick zum Preis von 20 Euro an. Die Software läuft unter Windows, OS X und diversen Unix-Derivaten.

Das TOR-Softwarepaket besteht aus dem eigentlichen Proxyserver, auch Onionproxy genannt, einer Verschleierungssoftware, mit der sichergestellt wird, dass der TOR-Nutzer gegenüber dem Domain Name System, also dem zentralen Telefonbuch und Straßenverzeichnis des Internet anonym bleibt, und einer grafischen Benutzeroberfläche, die sich Vidalia nennt.

Auf dem Privacy Stick ist die TOR-Software fertig konfiguriert. So muss also lediglich der TOR-Browser vom USB-Stick aus gestartet werden. Dann ist allerdings ein wenig Geduld gefragt. Denn bis die Verbindung mit dem TOR-Netzwerk dann aufgebaut ist und der sogenannte Onionproxy die Rückmeldungen von den etwa 1200 weltweit verfügbaren Servern im TOR-Netzwerk erhalten hat, vergehen in der Regel bis zu drei oder vier Minuten.

Um zu testen, ob die Verbindung nun ausreichend verschleiert ist, empfiehlt es sich, mal angelegentlich über das TOR-Netzwerk den Server von anonymouse.org anzusurfen und sich seine Verbindungsdaten anzeigen zu lassen. Wenn zum Beispiel Peter Welchering dann statt seiner von der Telekom vergebenen IP-Adresse die IP-Adresse 46.165.230.5 vorfindet und als Host tor-exit.dhalgren.org angegeben ist bzw. vergleichbare Angaben stehen, weiß er, dass die Anonymisierung via TOR klappt. Das muss man natürlich nicht immer ausprobieren. Manchmal aber beruhigt es einfach.

Doch auch diese Anonymisierung hat ihre Grenzen. Zum einen hebeln nicht wenige TOR-Nutzer die Verschleierungsfunktion des Anonymisierungsnetzwerks schlicht aus, indem sie von ihrem Rechner aus mal via TOR und mal direkt auf einen Webserver zugreifen. Nun protokollieren viele Web-Server nicht nur die IP-Adressen ihrer Nutzer, sondern sie senden eine kleine Identifizierungsdatei, Cookie genannt. Entwickelt wurden diese Cookies ursprünglich von Webmail-Anbietern, die ihren Kunden mehr Sicherheit bieten wollten. Neben dem Benutzernamen und dem geheimen Passwort überlegten sich diese Provider noch ein weiteres Sicherheitsmerkmal.

Gleich nach der Registrierung schickten sie eine kleine Autorisierungsdatei auf den Rechner des Kunden. Logt der sich nun von seinem Rechner auf sein Mail-Konto ein, werden nicht nur sein Benutzername und sein Passwort abgefragt, sondern auch diese kleine Autorisierungsdatei.

Loggt er sich von einem fremden Rechner ein, kann diese Autorisierungsdatei nicht gefunden werden, und der Mailserver schickt eine weitere Sicherheitsabfrage, die beantwortet werden muss, zum Beispiel eine Telefonnummer oder der Vorname der Mutter. Zumindest erhält der Kunde eine Mail, mit der ihm mitgeteilt wird, dass von einem ungewöhnlichen Rechner aus auf sein Mailkonto zugegriffen wurde, so dass er im Missbrauchsfall entsprechend reagieren kann.

Solche Cookies werden aber nicht nur als Sicherheitsmerkmal eingesetzt, sondern generell, um Besucher einer Website wieder erkennen zu können. Surft ein PC-Anwender auf eine bestimmte Webseite, schickt der Webserver ein Cookie auf seinen Rechner, über das der Webserver beim nächsten Mal erkennen kann, dass der Nutzer dieses Rechners schon mal auf der Website war.

Bei etwas aufwändiger programmierten Cookies wird sogar festgehalten, wann er was auf der Seite gemacht hat. Und da begehen nun einige Zeitgenossen den Fehler, dass sie sich direkt eine Website anschauen, ganz harmlos und weit entfernt von sensiblen Recherchen. Wenn sie dann auf Inhalte stoßen, die sie stärker interessieren, unterbrechen sie die Surfsitzung, bauen per TOR eine verschleierte Sitzung auf und sind sich sicher, dass sie nun mit den IP-Adress- und Hostangaben des TOR-Netzwerks anonym auf diesem Ziel-Webserver unterwegs sind. Weit gefehlt!

Beim ersten Surfen hat der Webserver ein Cookie abgelegt, und dieses Cookie wird natürlich auch beim Surfen via TOR-Netzwerk vom Webserver auf dem PC des Surfers abgefragt. Findet der Server das Cookie, weiß er, wer da gerade per TOR unterwegs ist, und die ganze Verschleierungsaktion hat nichts gebracht. Deshalb sollten Verbindungen über TOR nur von Rechnern aufgebaut werden, die zuvor von sämtlichen Cookies befreit wurden. Dafür gibt es viele kostenlose und kommerzielle Programme, die unbedingt zur Grundausstattung eines jeden PC gehören sollten.

Zum zweiten endet auch die Verschleierung, die das TOR-Netzwerk bietet, am dritten Server. Der Webserver von anonymouse.org hat ja erkannt, dass der Anwender vom Host mit dem Namen tor-exit.dhalgren.org zu ihm geleitet wurde. Das heißt gleichzeitig, dass die Verbindung ab diesem sogenannten Ausgangsserver von TOR nicht mehr verschleiert ist. Hier haben wir es also nicht mit dem Problem der ersten Meile zu tun, wie bei der Anonymisierungsplattform anonymouse.org, sondern mit dem Problem der letzten Meile.

Das letzte Stück einer jeden Verbindung zum Zielrechner ist also einsehbar und kann somit auch überwacht werden. Das liegt an der Struktur des TOR-Netzwerks. Denn der Onionproxy sucht sich stets drei TOR-Server aus, über die er eine Verbindung zum Zielrechner aufbaut.

Zum ersten TOR-Server wird eine verschlüsselte Verbindung direkt vom PC des Anwenders aufgebaut. Dieser TOR-Server erhält vom Onionproxy nur die Information, dass er eine weitere verschlüsselte Verbindung zu einem zweiten TOR-Server aufbauen soll. Der zweite TOR-Server erhält vom ersten TOR-Server die Anweisung, eine verschlüsselte Verbindung zum dritten TOR-Server aufzubauen.

Er weiß nur, dass diese Verbindung von TOR-Server Nr. 2 kommt, er kennt weder TOR-Server Nr. 1 noch den ursprünglichen Onionproxy, über den der Anwender gekommen ist. Ist die Verbindungsanfrage nun beim dritten TOR-Server gelandet, so weiß dieser TOR-Server nicht nur, dass die Verbindungsanfrage vom zweiten TOR-Server kam, sondern auch, dass er der dritte Server und somit der Ausgangsserver ist.

Ausgangsserver greifen als einzige Server im TOR-Netzwerk auf die Zieladresse zu, d. h. auf die Website, die angesteuert werden soll. Diese Information benötigt der dritte TOR-Server natürlich auch, um die Anfrage des Netznutzers an die Ziel-Webserver weiterleiten zu können. Diese Information kann abgegriffen werden.

Dadurch weiß der Angreifer, der den dritten Webserver gehackt hat, zwar noch nicht, woher die Anfrage zum Beispiel auf den Webserver mit der Webadresse (URL, Uniform Ressource Location) bmvg.bund.de stammt. Er weiß nur, dass der zweite TOR-Server ihm als dem Ausgangsserver einen Verbindungswunsch mit der Zieladresse bmvg.bund.de übermittelt hat. Normales Surfen ist dadurch ausreichend abgesichert.

▶ Greift ein Anwender via TOR auf einen Youtube-Account oder einen Mailserver zu, kann durch die Angaben des Mailservers, also Benutzernamen und Passwort, seine Identität ermittelt werden. Insofern gilt auch hier der **Grundsatz: Jede Verbindung hinterlässt prinzipiell Spuren, es kommt darauf an, diese Spuren ausreichend zu verwischen.**

Normalerweise reicht dafür der Einsatz des TOR-Netzwerks völlig aus. Befindet man sich aber tatsächlich mal in einer Art Aluhut-Situation, die selbst bei Journalisten nur sehr selten eintreten sollte, zum Beispiel beim Zugriff auf einen sensiblen Social-Media-Account, dessen Nutzerdaten den Anwender verraten und zu seinem Informanten führen könnten, dann empfiehlt es sich, die Verbindung über das TOR-Netzwerk mit dem Problem der letzten Meile mit der Anonymisierungsplattform anonymouse.org mit dem Problem der ersten Meile zu kombinieren und somit beide Meilenprobleme zu lösen. Außerdem ist es ratsam, per TOR nur leitungsgebunden oder aber über in einem überprüften W-LAN zu kommunizieren oder zu surfen.

TOR-Verbindungen vom Hotel-W-LAN oder vom ICE aus verbieten sich. Denn Datenfunknetze haben viele Sicherheitslücken. So ist ein Angriff auf den Laptop eines Interpol-Beamten in die Annalen der Polizeibehörde eingegangen: Ein

Mitarbeiter der Cyber Crime Division der Lyoner Behörde hatte auf einer Dienstreise seine elektronische Post via Hotel-W-LAN abgefragt.

Das war schnell und günstig. Allerdings hatten Hacker dabei den Hotel-Hotspot simuliert und auf diese Weise nicht nur die Mails des Beamten mitgelesen, sondern auch Ermittlungsdokumente von der Festplatte des Interpol-Mitarbeiters erbeutet.

Die Methode ist zwar schon seit längerer Zeit bekannt, wird aber immer noch ausgesprochen erfolgreich von Online-Kriminellen eingesetzt. „Die Hacker gehen einfach her und erzeugen einen Zugangspunkt, der den gleichen Namen trägt wie der originale Zugangspunkt zum Beispiel des Hotels", erläutert der Tübinger Sicherheitsberater Sebastian Schreiber die Vorgehensweise.

Der Datennetznutzer lässt seinen Laptop oder sein Smartphone dann an diesem Access Point anmelden und schon können die Fälscher des Zugangspunktes die Verbindung kapern. Sie schneiden die gesamte Datenkommunikation mit, spionieren dabei Passwörter und andere Zugangsdaten aus und spielen in einigen Fällen sogar Schadsoftware auf das mobile Endgerät des Datenreisenden.

Der Aufwand dafür hält sich in Grenzen. „Ich habe zum Beispiel beim iPhone die Möglichkeit, einen passenden Hotspot aufzubauen und kann diesem Hotspot dann den Namen T-Online, Swisscom oder Vodafone geben", erläutert Sicherheitsberater Schreiber.

Das Tückische an dieser Methode: In aller Regel verbinden sich Smartphones und Netbooks automatisch mit einem Funknetz, das sie erkennen und das in der Liste der öffentlichen Netze gespeichert ist. Deshalb sind auch Smartphone-Nutzer, die aus Sicherheitsgründen via UMTS kommunizieren, nicht sicher vor solchen Spionageangriffen.

Denn wer eine UMTS-Verbindung ins Internet aufbauen will, um seinen Datenverkehr abzusichern, sollte deshalb verhindern, dass sein Rechner oder Smartphone zuvor schon eine Verbindung zum Hotspot herstellt. Ab diesem Punkt können nämlich Netbook oder Smartphone leicht angegriffen und ausspioniert werden. Und wenn vertrauliche Daten von der Festplatte des Netbook oder das Adressbuch vom Smartphone von Unbefugten einfach kopiert werden, kann das verhängnisvolle Konsequenzen haben.

Die erste Schutzmaßnahme besteht deshalb darin, keine automatische Verbindung zum Hotspot zuzulassen. Dazu empfiehlt es sich, die Liste der Netzwerke weitgehend zu löschen. Bei Netbooks und Android-Handys ist das kein Problem, beim iPhone und iPad hingegen muss nicht nur die Liste gelöscht, sondern auch die

Option abgeschaltet werden „Auf Netze hinweisen". Dann kann man unbehelligt von einem Angriff aus dem W-LAN via UMTS surfen und mailen.

Auch bei sicherheitsaktivierten Drahtlosnetzwerken, die mit einem eigenen Netzwerkschlüssel gesichert sind, ist man in Hotels oder Unternehmen nicht unbedingt vor Lauschern und anderen ungebetenen Netz-Gästen sicher. Das hat die Diskussion um die W-LAN-Hintertür in den Routern der Deutschen Telekom vor einiger Zeit gezeigt.

In den Telekom-Routern der sogenannten Speedport-Reihe war das unsichere WPS-Verfahren zum einfachen Aufbau eines Drahtlos-Netzwerkes aktiviert und mit einer für alle Modelle werksseitig eingestellten PIN ausgestattet. Das Kürzel „WPS" steht dabei für den Wi-Fi Protected Setup, ein Verfahren der Wi-Fi-Allianz, das nur in Verbindung mit weiteren Schutzmechanismen einen Mindestsicherheitsstandard garantiert.

Eine dieser Schutzmaßnahmen besteht darin, ein Endgerät nur dann in das W-LAN einzubinden, wenn die Verbindung durch eine Sicherheitssoftware überwacht wird. Doch in den Telekom-Routern war nicht nur die Einbindung von Endgeräten ohne Sicherheitsüberwachung durch eine Software oder eine zusätzliche Schutzhardware aktiviert, sondern auch die Insidern bekannte Standard-PIN so fest „verdrahtet", dass sie als Zugangs-PIN auch dann funktionierte, wenn der Router-Besitzer ausdrücklich eine andere Geheimzahl eingetragen hatte.

Wer sich auf diese Weise Zugang zu einem eigentlich sicherheitsaktivierten W-LAN verschafft, kann nicht nur den Internetzugang des W-LAN-Besitzers kapern und dessen Internet-Protokolladresse für kriminelle Netzaktivitäten missbrauchen und beliebig überwachen, sondern auch auf die Daten der anderen Netzwerknutzer zugreifen. Die Deutsche Telekom AG hat nur sehr zögerlich auf die bekannte Sicherheitslücke reagiert und eine Konfigurationssoftware zur Beseitigung dieser Sicherheitslücke erst auf Grund massiven öffentlichen Drucks an ihre Kunden geliefert.

Mitunter richten Hotels und Unternehmen für Gäste und Besucher auch sogenannte „Gastaccounts" ein, die zeitlich begrenzt und unabhängig vom sonstigen Netzwerk betrieben werden können. Hersteller AVM bietet solch einen getrennten Gastzugang sogar als eigene Konfigurationsmöglichkeit für Besitzer der Fritzbox an.

Das Drahtlos-Netzwerk für den Gast erhält dann einen eigenen Netzwerknamen (SSID), der sich natürlich vom Namen des Hauptnetzes unterscheiden sollte. Das W-LAN für den Gast kann vollkommen getrennt vom Haupt-W-LAN betrieben und auch seine Nutzung zeitlich befristet werden.

Allerdings haben auch hier Hacker derartige Gäste-W-LANs schon ausspioniert. Mit Netzwerkscannern, die teilweise sogar kostenlos im Internet zu haben sind, können auch die in einem solchen Gäste-W-LAN eingebuchten Endgeräte wie Smartphones oder Netbooks aufgespürt werden. Ihre Datenkommunikation mit dem Zugangspunkt ist dann prinzipiell abhörbar.

Vor allen Dingen sogenannte Brute-Force-Attacken, bei denen einfach einige tausend gängige Netzwerkschlüssel ausprobiert werden, sind hier zunehmend zu beobachten. Werden in einem sicherheitsaktivierten W-LAN die gleichen Netzwerkschlüssel an unterschiedliche Nutzer vergeben, hat jeder der eingebuchten Drahtlosnutzer die Möglichkeit, die Kommunikationsdaten der anderen Nutzer des Netzwerks einzusehen. Und selbst wenn mit unterschiedlichen Netzwerkschlüsseln im W-LAN gearbeitet wird, sorgt das nur dann für ausreichende Sicherheit, wenn die Datenverbindung von Anfang an verschlüsselt ist.

Einen von Hackern oftmals genutzten Angriffspunkt bietet die sogenannte Session-ID. Eine solche Sitzungsnummer vergibt der Zugangspunkt an jedes Gerät, das sich einbucht. Sie gilt für die gesamte Zeitdauer, in der das mobile Endgerät, wie etwa ein Smartphone oder Laptop, mit dem Access Point verbunden ist.

Wird die Verbindung erst nach Eingabe der Anmeldedaten verschlüsselt, hat ein Angreifer die Möglichkeit, die bereits zuvor vergebene – und somit nicht verschlüsselt übertragene – Session-ID auszuspähen. Da die Session-ID beibehalten und nicht etwa mit dem Einstieg in die Verschlüsselung ausgetauscht wird, kann ein Unbefugter die Identität des angemeldeten Nutzers über Eingabe dieser Session-ID annehmen und sogar den Schlüssel erbeuten, mit der er die geschützte Kommunikation entschlüsseln kann.

Mit solchen Methoden haben Kriminelle nicht nur zahlreiche Zugangsdaten für Mail- oder Twitterkonten sowie fürs Online-Banking erbeutet, sondern auch Schadsoftware auf die Endgeräte im Drahtlos-Netzwerk gespielt, mit der sie auch später noch Zugang zu den Computern ahnungsloser Anwender hatten. Zudem sind mindestens acht Fälle bekannt, bei denen amerikanische Sicherheitsbehörden mit Methoden dieser W-LAN-Überwachung Journalisten gezielt ausgespäht haben, um an deren Informanten zu gelangen.

Gut 1000 Unternehmen weltweit überwachen uns im Netz, und zwar lückenlos. Ein Großteil dieser Datenhändler tauscht die Überwachungsdaten untereinander aus, ein Teil verkauft diese Überwachungsdaten an Nachrichtendienste und andere Sicherheitsbehörden. Und diese Überwachung erfolgt geräteübergreifend.

Mit anderen Worten: Wer im Internet surft, Messenger-Dienste nutzt, twittert oder postet, dessen Verhalten wird getrackt. Er wird umfassend kontrolliert. Mit modernen Überwachungsmethoden und intensiver Zusammenarbeit auf der technischen Ebene wissen die internationalen Datenhändler genau, was die Netz-Nutzer denken, lesen und kaufen wollen.

Reporter des Rechercheverbundes Technik und IT-Experten haben für den Deutschlandfunk im Sommer 2016 genauer nachverfolgt, wie die Bürger im Netz kontrolliert werden.[2] Sie haben dafür eine Sicherheitsbox namens Trutzbox, die als Router fungiert, Software für die Datenanalyse und diverse Internet-Werkzeuge zum Aufspüren von sogenannten Trackern eingesetzt.

So konnten sie ganz genau nachvollziehen, welche Webserver welche und wie viele Daten vom Browser eines Nutzers abziehen, der ahnungslos im Internet surft. Standardmäßig ermittelt diese Tracking-Software ein Nutzerprofil aus Daten wie dem installierten Betriebssystem, der aktuellen Bildschirm-Auflösung, dem verwendeten Browser mit seinen Zusatzprogrammen sowie den installierten Schriften und Sprachen.

Über eindeutige Identitätsnummern, Signaturen und Schlüssel werden nicht nur Rechner und Smartphones wiedererkannt, sondern auch deren Besitzer. Teilweise laufen diese Identifizierungen noch immer über die Facebook-ID. Das Verfahren dafür wurde schon im Jahr 2010 aufgedeckt.

Die Facebook-ID der Surfer nutzt zum Beispiel ein Versandhändler, um herauszubekommen, welche Produkte sich ein Internet-Nutzer wie lange und mit welcher Interessenstiefe anschaut. Damit lässt sich nicht nur das aktuelle Produktinteresse, sondern auch das künftige Kaufverhalten dieses Kunden genau berechnen.

Zunehmend setzen die Datenhändler allerdings auf eigene Identitätsnummern. Dabei arbeiten sie eng zusammen. Das konnten die Mitglieder des Rechercheverbundes an den protokollierten Zugriffen ablesen.

Die Identitätsnummer, die ein Datenhändler einem Kunden auf dessen Laptop oder Smartphone überspielt hat, wird über weitere Zugriffe an andere Datenhändler weitergegeben. Das geschieht geräteübergreifend für jede einzelne Zielperson.

---

[2]DLF-Sendung Computer und Kommunikation vom 13. August 2016, 16:30 Uhr bis 17:00 Uhr

Diese Identitätsnummern werden auch an Nachrichtendienste und Sicherheitsbehörden verkauft.

Um von diesen Daten auf die persönliche Identität eines Internet-Surfers zu schließen, brauchen die Datenhändler die Mail-Adresse oder Telefonnummer des Surfers. Die Mail-Adresse ermitteln sie, wenn der Surfer einen seiner Social-Media-Accounts oder Web-Mail nutzt.

Beim Aufruf des Web-Mail-Kontos von Peter Welchering zum Beispiel haben die Experten 121 sogenannter Get-Befehle auf den Browser seines Rechners protokolliert. Drei weitere Befehle haben die Daten der Adress-Zeile des Browsers ausgewertet, aus der die genaue Mail-Adresse ermittelt werden konnte.

Die Telefonnummer wird in der Regel über die Nutzung eines Messenger-Dienstes ermittelt. Vor allen Dingen der intensive Austausch des Datenhändlerkartells hat so ein engmaschiges Überwachungsnetzwerk entstehen lassen.

Ein typisches Überwachungsmuster sieht dabei so aus: Die Tracking-Software eines Datenhändlers setzt einen Cookie in den Browser eines Internet-Surfers. Dieser Cookie wird an den Server dieses ersten Datenhändlers zurückgeschickt. Für diesen Cookie wird ein einmaliger und eindeutiger Schlüssel errechnet.

Der Schlüssel geht zurück an den Browser des Internet-Surfers und wird auf seinem Rechner abgelegt. Sein Browser erhält dann den Befehl vom Webserver des ersten Datenhändlers, diesen Schlüssel an weitere Webserver anderer Datenhändler weiterzureichen.

Eine Reihe von Werkzeugen hilft Internet-Nutzern, herauszufinden, welche Daten von Webservern aus dem eigenen Browser ausgelesen werden, um den Rechner möglichst zuverlässig künftig wieder identifizieren zu können.

Die vom IT-Experten Hermann Sauer aus Eltville und seinem Team entwickelte Trutzbox dient dabei in erster Linie der Abwehr von Überwachungsmaßnahmen. Doch mit diesen Abwehrmethoden lässt sich auch herausfinden, von welchen Webservern welche Anfragen an das Gerät des Internet-Nutzers geschickt werden und welche Daten sie vom Nutzer haben wollen. Denn wer Überwachung abwehren will, muss wissen, wie sie funktioniert. „Die Trutzbox schaut sich an, welche Daten an den Server gehen, und hat eine gewisse Intelligenz, um Daten, die meine Identität verraten, entsprechend zu manipulieren", erläutert Hermann Sauer.

Für die Recherchen, wer die Netznutzer wie überwacht, musste allerdings diese Schutzfunktion ausgeschaltet werden, um die Datenabfragen der Überwachungsserver nachverfolgen zu können. Schon beim Aufruf einer Nachrichtenseite konnten so zwischen 120 bis 260 Datenabfragen von Internet-Servern dokumentiert werden.

Beim Aufruf von Online-Shops und den Angeboten von Versandhändlern waren das teilweise über 100 Zugriffe von anderen Internet-Servern auf den Browser des Nutzers. Die dabei eingesetzten Javascripts für die Datenüberwachung sind sehr ausgefeilt. Sie weisen zum Teil mehr als 10.000 Programmzeilen auf, die sehr unterschiedliche Überwachungsfunktionen ausführen.

Die Trutzbox beantwortet die Anfragen der Überwachungsserver mit falschen Daten, um Überwachung zu verhindern. Deshalb kann die Trutzbox auch eingesetzt werden, um unentdeckt im Netz zu surfen, den eigenen E-Mail-Verkehr abzusichern und anonym zu chatten. Der Trutzbox-Nutzer kann dabei seine bisherige Mail-Software weiterhin verwenden. Allerdings kann er wirklich abgesicherten Mailverkehr nur mit anderen Trutzbox-Besitzern durchführen.

Die Mails innerhalb des Trutzbox-Verbundes wurden zunächst mit Hilfe verteilter Tabellen befördert. Diese erlaubten die Zuordnung von Zieladressen. Inzwischen setzt das Comidio-Entwicklerteam das TOR-Netzwerk ein, um die Nachteile tabellenbasierter Mailzustellung beseitigen zu können.

Die Trutzbox wird einfach an den eigenen DSL-Router oder an das Kabelmodem angeschlossen. Laptop, Smartphone oder andere Endgeräte können dann direkt per LAN-Kabel oder über das W-LAN an die Trutzbox angeschlossen werden. Diese Anschlussart eignet sich auch für Journalisten, die vor der Beantwortung technischer Fragen normalerweise etwas zurückschrecken.

Sollen die Endgeräte direkt am normalen Router bleiben und deshalb keine Trutzbox dazwischengeschaltet werden, so kann die Sicherheitsbox auch über die Proxyeinstellungen im Browser angeschlossen werden. Dazu müssen lediglich die Proxy-Bezeichnung „trutzbox" und der Port 8081 in die entsprechenden Felder für die manuelle Proxykonfiguration eingetragen werden. Auch diese Arbeit kann der Anwender delegieren und stattdessen die Proxy-Konfiguration mit dem PAC-Script http://trutzbox/api/proxy/pac ausführen lassen.

Im Sommer 2016 sind türkische Kollegen nach dem Putschversuch und der anschließenden Verhaftungswelle mit Trutzboxen ausgestattet worden, um eine freie Berichterstattung aus der Türkei ermöglichen zu können. Die Betriebsanleitung für die in die Osttürkei gelieferte Trutzbox wurde auf drei knappen A4-Seiten in Türkisch, deutsch und englisch zusammengefasst. Die Kollegen hatten keinerlei Mühe, die Trutzbox an den Router ihres Service-Providers anzuschließen.

So konnten Berichte und Fotos am türkischen Geheimdienst vorbei nach Deutschland gemailt werden. Installation und Bedienung der Trutzbox erforderten keine tieferen technischen Kenntnisse der Kollegen. Mehrere Tests mit Software für die Netzwerkanalyse ergaben, dass die Datenpäckchen mit den der türkischen Regierung hochgradig unliebsamen Beiträgen über Redaktionsdurchsuchungen und Verhaftungen von Journalisten nicht einmal von so hocheffizienter Überwachungssoftware wie XKeyscore ausfindig gemacht und identifiziert werden konnten.

Nach Registrierung der Sicherheitsbox kann eine sichere Mail-Adresse vergeben werden. Trutzbox-Besitzer konnten zur Zeit der Arbeit an diesem Buch sichere Mails nur an andere Trutzbox-Besitzer versenden. Das ist zweifellos ein Nachteil dieses Systems. Dafür aber sind Verschlüsselung und Verschleierung des Mail-Verkehrs im Trutzbox-System so aufwändig, dass auch hochgerüstete Nachrichtendienste nicht ohne Weiteres die Mail von Trutzbox-Besitzern ausspähen können.

Sowohl Mailinhalte als auch Metadaten werden verschlüsselt. Beim ersten Mailaustausch überprüft der Empfänger der Mail die Authentizität des Absenders mit einem Zertifikat, das über den Server der Comidio GmbH in Eltville ausgetauscht wird. Trutzbox-Besitzer können nur von ihrer Trutzbox, für die sie eine Legitimation haben, Mail absenden. Sie können dafür nicht die Boxen anderer Trutzbox-Besitzer benutzen.

Auf der Trutzbox läuft ein eigener Mail-Server. Das hat allerdings auch zur Folge, dass dieser eigene Mail-Server immer laufen muss, um eine sichere Mail-Abwicklung garantieren zu können. Wird mit der Trutzbox eine neue sichere Mail-Adresse angelegt, wird auch ein neuer TOR-Hidden-Service aufgebaut und bekanntgegeben. Domain-Namen im TOR-Netzwerk enden bekanntermaßen auf. onion.

Jede Mailadresse, die auf der Trutzbox generiert wurde, erhält eine Onion-Adresse. Die sendende Trutzbox muss deshalb zunächst die Onion-Adresse des Mail-Empfängers ermitteln. Zwischen der sendenden und empfangenden Onion-Adresse wird dann die Mail innerhalb der TOR Hidden Services ausgetauscht. Nur innerhalb der Hidden Services des TOR-Netzwerks kann ein sicherer Mailaustausch garantiert werden.

Deshalb empfiehlt es sich auch, den Mailaustausch via Trutzbox nur für die Mail-Kommunikation mit Informanten und anderen Lieferanten oder Empfängern sensibler Informationen vorzunehmen. Zwar können externe Mails über ein von der Comidio GmbH betriebenes Mail-Gateway an den Inhaber einer

Onion-Mailadresse weitergeleitet werden, doch muss für den Versand einer Mail von der Trutzbox an einen konventionellen Mail-Account ein entsprechendes Mail-Gateway auf der Trutzbox eingerichtet werden. Das ist nicht jedermanns Sache.

Auch aus Gründen des Informantenschutzes empfiehlt es sich, die Onion-Mailadresse nur für den Mailaustausch mit Informanten einzusetzen und den übrigen Mailverkehr von den üblichen und bekannten Mailadressen aus zu bestreiten. Hätten unsere türkischen Kollegen im Sommer 2016 den Mailverkehr über die Onion-Adresse nicht auf den Austausch von Nachrichten, Berichten und Fotos beschränkt, sondern auch ihren übrigen Mail-Verkehr darüber abgewickelt, wären die türkischen Sicherheitsbehörden sehr schnell darauf aufmerksam geworden, dass sich hier Journalisten einer Onion-Adresse bedienen und hätten entsprechende Überwachungsmaßnahmen in die Wege geleitet.

Denn nach wie vor gilt die alte Journalistenregel: Sei nur dann im Darknet unterwegs, wenn Du Dich konspirativ bewegen musst. Und die von der Trutzbox verwendeten Onion-Adressen gehören nun einmal nach landläufigem Verständnis zum Darknet. Dazu zählt übrigens auch noch ein zweiter anonymer Netzwerkdienst, das Invisible Internet Projekt, abgekürzt i2p.

Dieses I2P-Projekt haben im Jahr 2003 mehrere Nutzer von Freemail gestartet, die der Sicherheit des Freemail-Netzes nicht mehr so ganz trauten. I2P ist ein klassisches Peer-to-Peer-Netzwerk. Es nutzt die bestehende Netzinfrastruktur und setzt auf diese Infrastruktur quasi ein pseudonymes Netzwerk auf. Das passiert über einen eigenen Kommunikationslayer. Die gesamte Kommunikation ist dabei Ende-zu-Ende-verschlüsselt.

Jeder i2p-Nutzer benötigt einen eigenen Client, der mit dem Gesamtpaket unter geti2p.net/de/ heruntergeladen werden kann. Der Client läuft direkt auf dem Router des i2p-Anwenders und richtet dort unterschiedliche Tunnel für den Kommunikationsausgang und für den Kommunikationseingang ein.

Die Clients der Tunnel reichen die Nachrichten jeweils vom Absender zum Empfänger weiter. Dabei stellt der erste Client die Nachricht in einen seiner abgehenden Tunnel. Dieser Tunnel zielt auf einen eingehenden Tunnel eines anderen Clients, der die Nachricht dann annimmt und von seinem eingehenden Tunnel wieder in einen ausgehenden Tunnel stellt.

Die Anzahl der Tunnel hängt davon ab, welche Tunnellänge jeder Teilnehmer im i2p-Netzwerk wählt. Darauf haben also sowohl Absender als auch Empfänger nur in ihrer Rolle als Netzwerkteilnehmer Einfluss.

I2P arbeitet auch mit verteilten Tabellen, um die Nachricht an den Empfänger zu bringen. Diese verteilten Tabellen hatten zunächst auch die Entwickler der Trutzbox genutzt, dann aber ab Herbst 2015 zugunsten von TOR Hidden Services aufgegeben.

Will ein Client erstmalig eine Nachricht an einen anderen Client schicken, muss er zunächst eine Anfrage an die Netzwerkdatenbank mit ihrer verteilten Hashtabelle richten. Über diese Hashtabelle werden die entsprechenden Eingangstunnel für den weiteren Nachrichtenversand identifiziert. Weitere Nachrichten arbeiten dann direkt mit diesen Hashwerten, um über die Eingangstunnel kommunizieren zu können. Insofern sind also weitere Anfragen an die Netzwerkdatenbank nicht mehr nötig.

Die Empfängeradressen für die einzelnen Datenpäckchen sind kryptografische Kennungen. Deshalb gelingt die Verschleierung in der Regel auch recht effizient. Das hat jedoch auch zur Folge, dass Datenpäckchen mit dieser kryptografischen Kennung natürlich nur an andere i2p-Netzwerknutzer geschickt werden können. Allerdings unterhalten einige i2p-Teilnehmer Ausgangsproxys zu anderen Internetdiensten, um deren Nutzung dann auch den i2p-Teilnehmern zu ermöglichen.

Auf den Zielrechnern muss allerdings der http-Proxy Squid laufen. Dann kann auch auf Webseiten, die außerhalb des i2p-Netzwerkes liegen, anonym gesurft werden. Allerdings sind i2p-Surfer, die über Ausgangsproxys auf normalen Webseiten unterwegs waren, während der vergangenen Monate des Öfteren von einer gemeinsamen Task Force von FBI und Europol enttarnt worden. Es wird vermutet, dass die beiden Polizeibehörden mehrere Ausgangsproxys betreiben und darüber i2p-Teilnehmer ausfindig machen und identifizieren konnten.

Einen weiteren Ansatz, Internet-Protokolladressen zu verschleiern, bieten die sogenannten Mixed Kaskaden. Hier wird eine ähnliche Verschleierungstechnik wie beim TOR-Netzwerk verwendet. Allerdings heißen die Proxy-Server Kaskaden, und die Betreiber der Kaskaden werden vom Generalunternehmer für die Adressverschleierung zertifiziert, sind also bekannt. Das hat den Vorteil, dass nicht einfach ein Nachrichtendienst einen solchen Proxy oder eine solche Kaskade in Betrieb nehmen kann, um darüber Netzwerkteilnehmer, die ihre Internet-Protokolladresse verschleiern wollen, enttarnen zu können.

In Deutschland ist dieser Kaskadendienst schon seit gut zwanzig Jahren verfügbar. Der bekannteste Anonymisierer wurde unter dem Namen JAP von Wissenschaftlern der Technischen Universität Dresden und der Universität Regensburg entwickelt. Das Unabhängige Landeszentrum für Datenschutz in

Schleswig-Holstein hat das Jondonym genannte deutsche Projekt erheblich unterstützt. Die finanzielle Förderung ist jedoch schon vor zehn Jahren ausgelaufen. Seitdem wurde es ein wenig still um das Projekt, das von der Jondos GmbH seither weiter betrieben wird.

Jondonym setzt einen eigenen Browser namens Jondofox voraus, der wie die übrigen Dokumente und Dateien, die für den Einsatz des Mixed Kaskaden Service notwendig sind, unter www.anonym-surfen.de/jondo.html heruntergeladen werden kann. Weil die Kaskaden ähnlichen Regeln folgen wie die TOR-Server, haben wir es auch hier mit dem Problem der letzten Meile zu tun. Der letzte Server in der Kaskadenreihe kennt die Zieladresse.

Da allerdings die Betreiber aller Kaskaden dem Generalunternehmer bekannt sind, wird das Problem der letzten Meile ein wenig entschärft – aber eben nur ein wenig, denn ab der letzten Kaskade ist die Internet-Protokolladresse wieder nachverfolgbar.

Das Jondo-Programm nimmt hier die Funktion des Onionproxy bei TOR wahr, muss also auf dem eigenen Rechner sein, wenn ich den Mixed Kaskaden Service nutzen will. Es dient als Vermittlungsinstanz. Jeder Webadressenaufruf wird von nun an zunächst an das Jondo-Programm geschickt, der die verfügbaren und wünschenswerten Kaskaden auswählt, um dann die verschlüsselten Datenpäckchen über die gemischten Kaskaden an den Zielrechner zu schicken.

Allerdings hängt der eigentliche Schutz vom Browser ab. Entweder muss der eigene Browser auf das Jondo-Programm manuell eingestellt werden. Das ist recht mühsam. Oder es wird von vornherein der Jondofox-Browser genutzt.

Prinzipiell gibt es also vier Möglichkeiten, anonym zu surfen. Wenn mir das Darknet-Angebot, das im i2p-Netzwerk bereitsteht, genügt, bin ich mit diesem Netzwerk hervorragend bedient. Allerdings ist das Surfen über Ausgangsserver im normalen Web hier nicht mehr sicher, weil die Ausgangsserver von unterschiedlichen Sicherheitsbehörden kompromittiert wurden.

Eine zweite Möglichkeit besteht in der Nutzung eines virtuellen privaten Netzwerks (VPN). Auch hier wird das Netz zwischen dem Benutzer und dem Zielserver unterbrochen. Die Datenpäckchen werden getunnelt.

Das kann man sich am ehesten so vorstellen, dass die Datenpäckchen des Absenders, die im Header oder Paketkopf natürlich die IP-Adresse des Absenders aufweisen, in Tarndatenpäckchen mit gefakter Internet-Protokolladresse gesteckt werden, über das Netzwerk geschickt und entweder beim Empfänger oder bei einem ihm vorgelagerten Server wieder entpackt werden.

Werden die Datenpäckchen erst auf dem Rechner des Empfängers entpackt, so ist das Problem der letzten Meile gelöst und die identifizierenden Angaben der Internet-Protokolladressen sind durch einfache Abhörmaßnahmen ab dem Ausgangsserver nicht mehr so ohne weiteres zu ermitteln. Allerdings ist die von der National Security Agency entwickelte Software XKeyscore darauf optimiert worden, die Eintritts- und Austrittsstellen von Tunneln virtueller privater Netzwerke aufzuspüren.

Dabei ist Xkeyscore völlig gleichgültig, ob diese Tunneleintritte oder –austritte auf einem Server angelegt sind, der als Ausgangsserver zum Beispiel bei einem VPN-Provider definiert ist, oder ob diese Tunnelaustritte oder –eintritte auf den PCs oder Laptops von Absender und Empfänger liegen. XKeyscore identifiziert auch diese Tunnel mit ihren jeweiligen Tunnelmündern und spielt entsprechende Schadsoftware auf die Rechner, auf denen XKeyscore den Tunnelmund ausgemacht hat, um die gesamte Kommunikation auf diesem Tunnel fortan zu überwachen.

Ein besonderes Augenmerk haben die Entwickler von XKeyscore dabei auf die Identifizierung der Tarndatenpäckchen gelegt, so dass die Verschleierungstechnik durch ein virtuelles privates Netzwerk obsolet wird.

XKeyscore wird übrigens spätestens seit 2016 auch vom Bundesamt für Verfassungsschutz im operativen Betrieb eingesetzt. Auch im davor liegenden mehrjährigen Testbetrieb haben die XKeyscore-Verantwortlichen des Bundesamtes die Tunnelmünder im sogenannten Test-Wirkbetrieb untersucht. Sie sind also schon seit mehreren Jahren in der Lage, die Tunneleintritte und Tunnelaustritte virtueller privater Netzwerke aufzuspüren und zu überwachen.

Außerdem muss bei der Nutzung eines virtuellen privaten Netzwerkes immer in Rechnung gestellt werden, dass der VPN-Provider stets in der Lage ist, den gesamten Datenverkehr mitzulesen und sogar zu manipulieren. Während der vergangenen fünf Jahre sind allein in Westeuropa drei Tarnfirmen von Nachrichtendiensten aufgeflogen, die als VPN-Provider tätig waren, um für den ihnen übergeordneten Nachrichtendienst die entsprechenden Daten abzuschöpfen.

Die dritte Möglichkeit, die eigene Internet-Protokolladresse zu verschleiern, bietet die Nutzung des TOR-Netzwerks. Schließlich bietet sich als vierte Möglichkeit ein mit Mixed Kaskaden aufgebautes Netzwerk an.

Doch bei allen diesen Verschleierungstechniken muss auch immer mitbedacht werden, dass neben der Internet-Protokolladresse auch Identifizierungsnummern, Signaturen, über Cookies berechnete Schlüssel, Browserfingerprints und

Gerätesignaturen zur Identifizierung von Rechnern, Smartphones und Menschen, die mit diesen Endgeräten kommunizieren, eingesetzt werden.

Wer anonym im Netz surfen will, muss alle diese Identifizierungs- und Überwachungstechniken kennen, um ihnen wirksam begegnen zu können. Für den recherchierenden Journalisten bedeutet das, im Zweifelsfall auch einmal auf eine direkte Recherche im Web zu verzichten, wenn damit ein Informant gefährdet werden könnte. In solchen Fällen empfiehlt es sich, unbeteiligte Dritte um diese Recherche zu bitten, die weder mit dem Journalisten, noch mit dem Informanten in Zusammenhang gebracht werden können.

Weiterführende Web-Links[3]

http://ip-check.info
https://audiofingerprint.openwpm.com
http://analyze.privacy.net/Default.asp
http://browserspy.dk/useragent.php
http://www.ericgiguere.com/tools/http-header-viewer.html
http://www.rexswain.com/httpview.html
http://livehttpheaders.mozdev.org
https://panopticlick.eff.org

---

[3] Eine kleine Auswahl von Werkzeugen, um Tracking nachvollziehen zu können

Mail verschlüsseln

Zusammenfassung

Journalisten, die mit ihren Whistleblowern Informationen und Dokumente austauschen, wollen in der Regel keine Mitleser. Denn man kann beim Mail-Versand auch schon mit wenigen Handgriffen und guten Verschlüsselungsprogrammen das Ausspähen erschweren. Wie geht das, wird in diesem Kapitel gezeigt.

Schlüsselwörter

Mailverschlüsselung · Enigmal · PGP · symmetrische Verschlüsse · asymmetrische Verschlüsselung · Schlüsselaustausch

Verschlüsselung ist eine uralte Angelegenheit. Mail-Verschlüsselung ist seit den neunziger Jahren zu einem ziemlich wichtigen Thema geworden, und zwar mit Johnny und Jane - zwei echt tragischen Figuren! Denn eigentlich sollte ja das fiktive Liebespaar seine schwülstig-sehnsüchtigen Liebes-Depechen dringend verschlüsseln. Doch es will einfach nicht gelingen! Und so sind Johnny und Jane[1] ein echter Fall für die Wissenschaft.

Schon im August 1999 fragen sich Alma Whitten von der Carnegie Mellon University in Pittsburgh, USA und J. Doug Tygar von der University of Berkeley „Why

---

[1]Johnny ist das Synonym für den Versender, Jane für die Empfängerin geheimer Botschaften

Johnny can't encrypt".[2] Mit dieser legendären wissenschaftlichen Untersuchung über die „Usability" des damals wichtigsten Verschlüsselungsprogramms PGP 5.0, stießen die IT-Experten eine breite Diskussion über die Handhabbarkeit von Verschlüsselungstools an.

Obwohl das Programm PGP 5.0 schon damals mit einer recht modernen Bedienoberfläche ausgestattet war, kamen Testbenutzer nur schwer mit der Sicherheits-Software zurecht; die Verschlüsselungserfolge ließen sehr zu wünschen übrig. Die These der IT-Wissenschaftler: Kryptografie-Programme benötigen eine besonders einfache und „idiotensichere" Benutzerführung für Johnny, da schon kleinste Fehler in der Anwendung alle Ergebnisse zunichte machen können und Johnny sich in falscher Sicherheit wiegt.

Doch die sehr ausführlichen und plakativen Untersuchungen von Whitten und Tygar führten zwar anfänglich zu Diskussionen, nicht aber zu wirklichen Verbesserungen. Über Jahre hinweg führten Verschlüsselungsprogramme wie PGP oder GnuPG ein echtes Schattendasein, außer von wirklichen Experten kaum beachtet. Nach wie vor ist die Anwendung eher schwierig, vor allem die Verwaltung der notwendigen öffentlichen und geheimen Schlüssel ist eine Geheimwissenschaft für sich!

Bis vor kurzem hat sich an diesem Missstand niemand gestoßen, denn die Kommerzialisierung des Internets, die Entstehung von neuen Diensten und Plattformen, hat das Bewusstsein und den Bedarf für Datensicherheit lange Zeit in den Hintergrund treten lassen. Erst die Enthüllungen von Edward Snowden im Sommer 2013 haben das Thema „Verschlüsselung" wieder an die Oberfläche des Netzes gebracht.

Doch bis heute sind die Probleme von Johnny und Jane geblieben. Deshalb fragen im Sommer 2014 Wissenschaftler der Universitäten Glasgow und Darmstadt auf dem Privacy Enhancing Technologies Symposium in Amsterdam: „Why doesn't Jane protect her privacy?".[3] Ein möglicher Erklärungsversuch: Noch immer haben die Benutzer keine genaue Vorstellung von den Gefahren unverschlüsselter E-Mails.

Die PGP-Story
PGP steht für Pretty Good Privacy und ist eine Entwicklung des US-amerikanischen Informatikers Phil Zimmermann. Er brachte PGP 1991 als Freeware heraus und ermöglichte es damit, Botschaften sicher und zuverlässig zu

---

[2] http://dl.acm.org/citation.cfm?id=1251435&preflayout=flat
[3] https://www.petsymposium.org/2014/papers/Renkema.pdf

verschlüsseln und wieder zu entschlüsseln. Dafür benutzte er ein asymmetrisches Verschlüsselungsverfahren. Es nutzt öffentlich zugängliche Schlüssel, um eine Botschaft zu sichern, und geheime Schlüssel beim Empfänger, um sie wieder zu öffnen. Doch was für die damals noch wenigen Anwender in Spezialistenkreisen ein richtiges Freudenfest war, wuchs für Zimmermann zur regelrechten Bedrohung heran. Die amerikanische Regierung hatte an PGP überhaupt keinen Spaß! Sie suchte nach einem Weg, der Verbreitung der Software Steine in den Weg zu legen, wo es nur ging. Und wie so oft in der Politik wurde Zimmermann ein fieser Knüppel zwischen die Beine geworfen: Er wurde Gegenstand einer großangelegten Exportkontroll-Untersuchung, weil er seine Software – wie es im Internet üblich ist – weltweit anbot. Doch kryptografische Software unterlag US-Exportbeschränkungen, weshalb man Zimmermann mit einem Prozess bedrohte. 1996 wurde das Verfahren eingestellt. Seitdem wurde PGP als kommerzielles Produkt kontinuierlich weiter entwickelt. Gleichzeitig entstanden vor allem in Europa mehrere Entwicklungslinien ähnlicher Verschlüsselungstools und zudem ein Standard für den offenen Austausch der Schlüssel (OpenPGP). Das heute wohl bekannteste Tool für die Verschlüsselung von E-Mails ist The GNU Privacy Guard (GnuPG), das schon 1997 vom deutschen IT-Entwickler Werner Koch ins Leben gerufen wurde und an dem er nach wie vor arbeitet.

Asymmetrische Schlüssel können hier helfen Das Sicherheits-Problem mit der E-Mail ist eigentlich ganz einfach, aber hartnäckig. Die Väter der E-Mails hatten damals, als sie den Standard RFC822[4] für die elektronische Post im Internet definierten, mit Vertraulichkeit und mit Zuverlässigkeit wenig am Hut. 1982, als der Request for Comment (RFC) 822 entstand, da ging erst einmal um das Eingemachte: Wie muss eine E-Mail strukturiert sein, wie müssen Sender und Empfänger angegeben werden und wie wird der Transport organisiert?

Mit diesen grundsätzlichen Fragen haben sich die Ingenieure beschäftigt. Geheimhaltung stand gar nicht auf dem Plan, weil das Internet zu dieser Zeit sowieso ein Netz nur für Eingeweihte und nicht für jeden war, kurzum das ganze Netz war zu dieser Zeit noch eine „geheime Kommandoangelegenheit".

Aber an der Grundstruktur der E-Mail-Kommunikation hat sich in den 33 Jahren nicht viel geändert. Wie eine Postkarte durch die Postverteilzentren wandert eine E-Mail durch die E-Mail-Server im Netz.

---

[4]http://www.w3.org/Protocols/rfc822/

Doch damit nicht genug: Die Postkarten sind noch nicht einmal von Hand geschrieben, so dass man die Echtheit des Absenders im Zweifelsfall erkennen könnte, sondern in Maschinenschrift. Einer E-Mail fehlt also der schützende Umschlag, der ihren Inhalt vor neugierigen Blicken schützt. Und ihr fehlt eine überprüfbare Unterschrift, die beweist, dass sie wirklich von dem Absender kommt, der in der E-Mail auch angegeben ist. Beide Schutzfunktionen, die Verschlüsselung und die digitale Unterschrift, können aber mit Hilfe eines asymmetrischen Verschlüsselungssystems realisiert werden.

Asymmetrisch bedeutet ganz konkret, dass es zwei verschiedene Schlüssel mit unterschiedlichen Funktionen gibt - den öffentlichen Schlüssel und den geheimen Schlüssel. Der öffentliche Schlüssel hat zwei Funktionen: Beim Verschlüsseln benutzt der Absender den öffentlichen Schlüssel des Empfängers um damit die Botschaft zu verschleiern.

Für die Funktion „Digitale Unterschrift" hingegen nutzt der Empfänger einer E-Mail den öffentlichen Schlüssel des Absenders, um die Identität des Absenders und die Unverfälschtheit der E-Mail zu überprüfen. Mit dem geheimen Schlüssel ist es genau umgekehrt: Für die Funktion Verschlüsselung nutzt der Empfänger einer E-Mail seinen geheimen Schlüssel, um eine verschlüsselte E-Mail zu öffnen, sie zu entschlüsseln. Für die Funktion „Digitale Unterschrift" benutzt der Absender einer Nachricht seinen geheimen Schlüssel, um sie digital zu signieren.

	Absender	Empfänger
Verschlüsselung	Mit dem öffentlichen Schlüssel des Empfängers verschlüsselt der Absender eine E-Mail	Mit dem geheimen Schlüssel entschlüsselt der Empfänger eine an ihn adressierte verschlüsselte E-Mail
Digitale Unterschrift	Ein Absender „unterschreibt" mit seinem geheimen Schlüssel eine E-Mail an einen beliebigen Empfänger	Mit dem öffentlichen Schlüssel des Absenders überprüft der Empfänger einer Mail die Echtheit und Unversehrtheit

Was aber passiert genau beim Verschlüsseln? Um das grundlegende Prinzip zu verstehen, machen wir einfache Versuche mit dem ganz primitiven Offset-Verfahren. Dazu benötigt man ganz wenige Hilfsmittel. Ein Beispiel mit den Buchstaben des Alphabets:

Klartext-Alphabet: ABCDEFGHIJKLMNOPQRSTUVWXYZ

Nun wählen wir einen Offset, mit dem chiffriert werden soll, z. B. 7. Das heißt, wir verschieben das Kodier-Alphabet um sieben Stellen über dem Klartext-Alphabet:

Mail verschlüsseln

Kodier-Alphabet: TUVWXYZABCDEFGHIJKLMNOPQRS
Klartext-Alphabet: ABCDEFGHIJKLMNOPQRSTUVWXYZ

Soll zum Beispiel der Satz „DAS PFERD FRISST KEINEN GURKENSALAT"[5] mit dem Offset verschlüsselt werden, so lautet das Chiffre: „WTL IYXKW YKBLLM DXBGXG ZNKDXGLTETM". Mit dem Dekodier-Alphabet geht man ähnlich um wie mit dem Kodier-Alphabet, allerdings schiebt man es in die andere Richtung:

Kodier-Alphabet: HIJKLMNOPQRSTUVWXYZABCDEFG
Klartext-Alphabet: ABCDEFGHIJKLMNOPQRSTUVWXYZ

Die Gegenprobe ergibt dann: „DAS PFERD FRISST KEINEN GURKENSALAT"

Natürlich ist diese Offset-Methode Kinderkram! Ein guter Analytiker sieht auf einem Blick, dass hinter dem Satz „WTL IYXKW YKBLLM DXBGXG ZNKDXGLTETM" ein einfacher Schlüssel steckt, der sehr leicht zurückberechenbar ist. Aber es ging an dieser Stelle ja nicht darum, gleich ein unknackbares System zu präsentieren, sondern darum, das Prinzip von Verschlüsselung zu verdeutlichen. Allerdings ist das Offset-Verfahren ein symmetrisches Verfahren, weil sowohl für das Verschlüsseln als auch für das Entschlüsseln ein und derselbe Schlüssel verwendet wird (nämlich der Offset 7).

Dies hat durchaus Vorteile: Zum Beispiel, dass man nur einen Schlüssel erzeugen muss. Es hat aber auch Nachteile: Der Schlüssel muss sowohl Absender als auch Empfänger bekannt sein. Dafür muss er zuvor ausgetauscht werden, was an sich ein Sicherheitsrisiko ist.

Diese Probleme tauchen bei der asymmetrischen Verschlüsselung nicht auf. Denn den geheimen Schlüssel muss der Besitzer niemals preisgeben. Um mit ihm sicher kommunizieren zu können, müssen ja Botschaften mit dem öffentlichen Schlüssel verpackt werden. Entpackt werden kann aber nur mit dem geheimen Schlüssel.

Das wohl bekannteste asymmetrische Verschlüsselungsverfahren ist RSA. Die drei Buchstaben stehen für die Familiennamen der drei Erfinder: Ronald L. **R**ivest, Adi **S**hamir und Leonard **A**dleman. 1977 haben sie RSA am Bostoner Massachusetts Institute of Technology entwickelt. Zum Verschlüsseln der Informationen werden sogenannte Einwegfunktionen auf Primzahlenbasis verwendet. Einwegfunktionen

---

[5]Mit diesem Satz wurde 1861 das Telefon von Philipp Reiss getestet

haben – wie ihr Name schon sagt – eine unangenehme Eigenschaft. Sie funktionieren nur in eine Richtung reibungslos (nämlich die Verschlüsselung). In die andere Richtung (Entschlüsselung) funktionieren sie aber sehr schlecht bzw. gar nicht. Rivest, Shamir und Adleman haben dazu für den Schlüssel zum Verschlüsseln einer Botschaft Operationen mit dem Produkt aus Primzahlen ausgewählt, die genau diese Einwegfunktion haben. Wählt man die Primzahlen hinreichend groß, dann ist die Funktion in die umgekehrte Richtung so gut wie unberechenbar.

Mit dem Schlüssel, den man zum Verschlüsseln benutzt hat, kann die Nachricht also wegen der Einwegfunktion nicht mehr entschlüsselt werden. Das hört sich erst einmal sehr gut an, ist allerdings wenig sinnvoll, wenn es gar keine Möglichkeit mehr gibt, wieder zu entschlüsseln. Deshalb haben die Einwegfunktionen im RSA-System eine Falltür eingebaut. Die Falltür ist eine Formel, mit dem verschlüsselte Werte mit einem zweiten Schlüssel wieder entschlüsselt werden können.

Verschlüsseln ist also nicht gerade einfach das ist auch die Erfahrung der meisten Menschen, die schon einmal versucht haben, Verschlüsselungstools auf ihrem Rechner zu installieren. Allerdings kann an dieser Stelle ein wenig Entwarnung gegeben werden: Tatsächlich gibt es inzwischen sehr komfortable und sogar kostenlose Programmpakete, die Kryptotools handhabbar machen. Grundsätzlich finden zwei verschiedene Verschlüsselungssysteme im E-Mail-Bereich Anwendung: OpenPGP und S/MIME.

Wir betrachten hier das offene System OpenPGP, weil es in weiten Teilen sofort und frei zugänglich ist, also ohne weiteres auf beliebigen Rechnern mit unterschiedlichen Betriebssystemen installiert werden kann. Wichtiger Bestandteil eines Verschlüsselungssystems ist dabei die Zertifizierung der Schlüssel.

Mit einer elektronischen Notar-Funktion wird dabei bestätigt, zu welcher Identität ein Schlüssel gehört. Dazu nutzt OpenPGP das sogenannte Web of Trust – ein Netz des Vertrauens. E-Mail-Teilnehmer überprüfen dabei anhand von Veröffentlichungen und Mitteilungen ihre jeweiligen Schlüssel und die dazu gehörenden Signaturen. Bei S/MIME hingegen wird in der Regel auf die Mitwirkung einer Zertifizierungs-Agentur gesetzt, die – meist gegen Gebühr - ein sogenannte X.509-Zertifikat ausstellt, mit dem die Schlüssel signiert werden.

Im Web of Trust ist es übrigens nicht nötig, mit Klarnamen zu arbeiten. Schlüssel und Schlüsselzertifikate müssen zwar einer Person und einer E-Mail-Adresse zugeordnet sein. Dies kann aber durchaus pseudonym erfolgen. Bei X.509-Zertifikaten wird von der CA-Authority, der Zertifikatsagentur – je nach Klasse des Zertifikats – ein Ausweis der Person mit einem amtlichen Ausweisdokument verlangt. Werden dann öffentliche Schlüssel mit diesen Zertifikaten veröffentlich, dann sind diese E-Mail-Adressen auch eindeutig einer Person zuzuordnen.

Der Mailer Thunderbird bietet hier viele Möglichkeiten Denn sehr leicht und über verschiedene Betriebssysteme hinweg lassen sich Verschlüsselungstools nach dem OpenPGP-Standard in dieses E-Mail-Programm „Thunderbird" integrieren.

Die Open-Source-Software der Mozilla-Foundation ist als E-Mail- und Newsreader-Programm sehr beliebt und einfach zu benutzen. Man kann es sich im Internet kostenlos downloaden.[6] Laut Wikipedia sollen Ende 2015[7] über 10 Millionen Menschen pro Tag das Programm benutzen. Die Zahl der Installationen wird auf 25 Millionen geschätzt. Nach Microsoft Outlook ist Thunderbird eines der beliebtesten Mail-Programme schlechthin. Schon in seiner Grundausstattung ist das Programm auf Verschlüsselung und Digitale Signatur vorbereitet. Allerdings fehlen für OpenPGP entscheidende Komponenten, die sich die Benutzer selbst installieren müssen.

OpenPGP teilt sich im Wesentlichen in drei Funktionseinheiten auf:

1. das Frontend, mit dem man auf die Schlüsselverwaltung und auf die Funktionen des Web of Trust zugreifen kann
2. die Schlüsselverwaltung, die für die Erzeugung der eigenen Schlüssel und die Bereitstellung der Schlüssel von Mailpartnern sorgt
3. das Web of Trust, ein Serversystem, dass die öffentlichen Schlüssel vieler E-Mail-Partner bereit hält und eine gegenseitige Bestätigung der Schlüssel ermöglicht.

Die eigentliche Verschlüsselung eines Mailtextes oder die Generierung einer digitalen Unterschrift passiert bei Thunderbird in der jeweiligen OpenPGP-Software. Die Verbindung zwischen dem E-Mail-Programm und der OpenPGP-Software stellt ein kleines Zusatzprogramm in Skriptform, das als Plug-In nachträglich in Thunderbird integriert wird, her. Dieses Plugin heißt Enigmail[8] und es stellt in der grafischen Oberfläche von Thunderbird die Funktionen für Ver- und Entschlüsseln, sowie für Signieren und Verifizieren bereit. Dieses Plugin muss, unabhängig

---

[6]https://www.mozilla.org/de/thunderbird/
[7]https://de.wikipedia.org/wiki/Mozilla_Thunderbird
[8]https://www.enigmail.net/index.php/en/

vom verwendeten Betriebssystem, in Thunderbird über die Funktionen „Tools" und „Add-Ons" installiert werden.

Für die eigentliche Verschlüsselungssoftware nach dem OpenPGP-Verfahren stehen unterschiedliche Pakete auf Basis der GnuPG-Entwicklung von Werner Koch zur Verfügung, je nach Betriebssystem. So gibt es für Linux beispielsweise die Pakete „Seahorse" oder „KGpg", für Apples OSX stehen die GPGTools[9] zur Verfügung und unter Windows hat sich Gpg4Win[10] etabliert.

Am Beispiel von Gpg4Win erklären wir auch die weiteren Funktionen und Zusammenhänge der GnuPG-Lösung. Eines dieser Programmpakete also, passend zum jeweils verwendeten Betriebssystem, muss also zusätzlich zur „Vermittlerinstanz" Enigmail auf dem Computer installiert sein.

Die Aufgabe dieser Pakete ist neben der eigentlichen Verschlüsselungsfunktionen auch die Schlüsselverwaltung sowie der Kontakt zu den Servern des Web of Trust, um auf die aktuellen Schlüssel der Kommunikationspartner zugreifen zu können. Das Paket Gpg4Win bietet darüber hinaus aber noch einige andere interessante Funktionen, die auch unabhängig vom E-Mail-Programm genutzt werden können.

So erlaubt das Programmpaket auch, dass aus der ganz normalen Dateiverwaltung heraus, mit dem sogenannten Explorer, einzelne Dateien oder ganze Ordner ver- oder entschlüsselt werden können. Die Software wird nach der Installation automatisch bei jedem Programmstart mit aktiviert. Und alle Funktionen können dann – wenn das GnuPG-Paket wie zum Beispiel Gpg4Win einmal installiert ist – direkt über die Menufunktion „Enigmail" aus dem Thunderbird-Mailer heraus aufgerufen werden.

Der erste Schritt dabei: Die Generierung eines Schlüsselpaares. Die Klick-Spur dorthin ist etwas länger: „Enigmail" --> „Schlüssel verwalten" --> „Erzeugen" --> „Neues Schlüsselpaar". Es öffnet sich ein Dialog, mit dem für jedes bei Thunderbird registrierte E-Mail-Konto ein eigenes Schlüsselpaar erzeugt werden kann. Dies ist deshalb bemerkenswert, weil man durchaus mindestens zwei E-Mail-Konten sein Eigen nennen sollte. Eines für die ganz normale Kommunikation, bei dem auch der Klarname sichtbar sein darf. Und ein anonymes Konto, dass weder anhand der E-Mail-Adresse noch anhand anderer Metadaten Rückschlüsse auf den

---

[9] https://gpgtools.org/
[10] https://www.gpg4win.de/

Besitzer zulässt. Anonyme E-Mail-Konten werden von einigen E-Mail-anbietern auch in Deutschland ausgegeben. Um wirklich unerkannt zu bleiben ist es natürlich unbedingt nötig, in den Metadaten zum E-Mailkonto unter Name oder Organisation keine Klarnamen einzugeben.

Hier können aber stattdessen Pseudonyme wie „Hans Wurst" und „Fleischwarenfabrik Kassler" notiert werden. Diese Angaben hübschen dann lediglich das sowieso schon vorhandene Pseudonym, nämlich die E-Mail-Adresse, auf. Eine wichtige Einstellung an dieser Position ist auch die Haltbarkeit des Schlüssels, die dort in Tagen, Monaten oder Jahren festgelegt werden kann.

Wer wirklich mit sensiblen Informationen hantiert der sollte öfters mal sein E-Mail-Pseudonym wechseln und auch die Schlüssel regelmäßig verfallen lassen und neu generieren. Weiterhin können in diesem Dialog auch das Kryptoverfahren (Standard: RSA) und die Schlüssel-Länge (Standard: 4096) eingestellt werden.

Zusätzlich wird hier eine Passphrase verlangt. Die Passphrase ist das Passwort (oder auch ein ganzer Satz), mit dem der geheime Schlüssel gegen unerwünschten Zugriff gesichert wird. Die Software erzeugt für Sie immer zwei verschiedene Schlüssel als Paar, nämlich den öffentlichen und den geheimen Schlüssel.

Sie werden zunächst beide in Form von Textdateien auf Ihrem Computer abgespeichert und der geheime Schlüssel sollte auch nur dort bleiben. Das Passwort oder die Passphrase müssen sie sich gut merken, denn ohne dieses Passwort ist das Schlüsselpaar wertlos. Dennoch sollte es nicht zu einfach gewählt sein, da es den Zugriff auf den geheimen Schlüssel erlaubt.

Der öffentliche Schlüssel dagegen sollte nach der Schlüsselerzeugung publik gemacht werden. Denn er wird ja von all den Menschen benötigt, die einem vertrauliche, also verschlüsselte Mails senden wollen. Um diesen öffentlichen Schlüssel zu verbreiten, ist im Grunde nicht viel Aufwand nötig.

Man kann zum Beispiel den Schlüssel per E-Mail an potentielle Kommunikationspartner schicken. Dazu stellt das Enigmail-Menu innerhalb von Thunderbird die Funktion „Schlüsselverwaltung" --> „Öffentlichen Schlüssel per E-Mail senden" bereit. Dann wird eine E-Mail generiert, die als Datei-Anhang die Datei key.asc enthält. Dies ist eine reine Textdatei, deren Inhalt ein kleinen Textabschnitt mit reinem Buchstabensalat ist. Das sieht ungefähr so aus

Öffentlicher Schlüssel von Hans Wurst (hans.wurst@kassler.de):

Version: GnuPG v2.0.22 (MingW32)

mQENBFKnO6MBCADFW1OMQ7IShfx/3p+tMFkxSV2Ot2t4gIMtjzgRafZ9xJj/RQQz
7Rm/J1flyQ7gh+NMWfFeeNSY/pNGVvprpzN5dKuGFh2c0EFZ30KicfFYFujwWoJP
2U5UifEbDYpqIRdiAiBNdG+XZBa6nUy4V9HtxU4UdBMgwUB/XZtoru4jVM00PHDP
MbWQqAunhP3UkUrBhyinWM8ct3rAZgv3HnmqII6TXf3pEE6sJXkEtJIUIsf0DbQK
ftterFlobRaiZrfBbH7tqUqVH2c7AHpHBLDePJladDcyjDNhGPUpafRdYnjN3Kvn
ftterFlobRaiZrfBbH7tqUqVH2c7AHpHBLDePJladDcyjDNhGPUpafRdYnjN3Kvn
ciA8bWFuZnJIZC5rbG9pYmVyQGtsaWNrLWtvZWxuLmRlPokBOQQTAQIAIwUCUqc7
owIbIwcLCQgHAwIBBhUIAgkKCwQWAgMBAh4BAheAAAoJEPNkwsq5d2loKaMIAJI6
CiwDxreO6UXJNq11GjgSgbvEidx1Vp6cEc/Qr9Au7aGq5UbETuN8TPqahZtOsmZY
oDf2uzLAg/YFYrHzc0NpPoY39HwnxgFiKJo66aPR99yISKqAgUKfaFbQIxUTbwtk
mVXYwc4Rn6oRiKKQ8E6CNEfOjJ/I6eb7sDWKbiT8WgICu54LNMsCW5tFRpRn420K
QuIzrDkgAIkoqidofiOPWsdk+102GpyRK/rWxRZRgjOJ3P6rwEengHTum8O5eJGw
nHL+bZ76O3Vn8daeY6ng+04FuiQxM+fGEEWjWLKLieaLH5L0cPXagc09t1eOovxR
gvKHDVUgUI08EcnaSHOJARwEEwECAAYFAIKvToIACgkQgX7/bKkOav12wgf+PqSp
NzO3qQmnDz9crboHb3QW0mkBaultCtJMk9R29Qs32ZJ356I4d9Kz9vh6b3xxKSpT
JPyvDtIdE+qogpHW8igNw3fsXdMIj7vYMt4crVh7BGdOos4l0TMsgCjNRfBB+kDX
iHmeLF7RxIx0EqWX6NWR9duYvDKisPsQu2jK8J7Ckk/nI92IZDVoxVhXjUIui2sU
3mxpCrJ91K3v9zGqEMwxyzckt+hn04n3x+YqYAcpu9ZLCGJtxOJnw6WQGHx+bMWJ
O7zXXe96O04BCwMj07Uiav+TS58F+bd7L9NuB7Z8L8r7GbF2U/CpIzCETXQIIR0u
c/FovnH1/9j87IiHs7kBDQRSpzujAQgArTNbng0o9XKzm0X60WFyVbwYrrEOr0uU
ErydwmmRTOeridkdßüwIdgaLxh0DP/+xjVnMf4SogZXxVTIbwEQ90KWm8eiCSzvP
57egTNyZafTUHmcelvCk2P9FykJhhmNiqReAyfSBnLXYaCRJUnnIAEWHOwjb/rXR
oeLgixFJ6zkYeuYa63ANIiwKKDkIKzw3Mgj+35FMmhm2kZjp/UigqNHZNbtj5W1a
j2dX+Mm3MuAONkQCJCIfpBHiQtrm4ErwIXZMTPMaUtIJeltfavOZ2N6u8gTVezsW
mIU5+EIgaIHYJgBqf6JYFuppxscPBHKrzB8h0GbgdE2JgVEddmXsMQARAQABiQEf
BBgBAgAJBQJSpzujAhsMAAoJEPNkwsq5d2loW70H/0qek088M8bPeDwjiJukUqvQ
nixr3nmbs6V1ehc0MQHWOUPM/Hn2zjOkRbvqfrX0QW2z6ETyiIVdy3Gyt1SJTWI5
I2FLIInRkS56AYBxkCDc+YkN+JaaIOhThTaxeTKLIISsBTcY+yRV+JtiFxMaKsug
7MQ48XztLtnaX3RqyK8L6irrW1JzUtte4ia2j9KyOgRdDgBTXiW5BC02LIKcHzq3
jfD21ePh3tvKqZa8KmAHiFzTXeZxrT6+GzQitt6SA3R8/zK8sGu0pxCYU454tRmN
OcYioe9ZIxoGzFsyrwukeFSgUoWSzRtd6Vpm6uG0cE1UDJg/oQmZX55FWmQew4A=
=QOor

Mail verschlüsseln

Ok, schön sieht anders aus Aber mit diesem „PGP PUBLIC KEY BLOCK" hat der Empfänger vorerst alles, um demnächst verschlüsselt E-Mails an die E-Mail-Adresse hans.wurst@kassler.de schicken zu können. Vorausgesetzt, dies ist tatsächlich der echte öffentliche Schlüssel jenes Hans Wurst mit der E-Mail-Adresse hans.wurst@kassler.de. Nichts wäre verheerender als eine verschlüsselte E-Mail mit einem falschen Schlüssel zu senden. Denn Hans Wurst könnte dann die Mail gar nicht lesen, weil sie nicht mit seinem echten öffentlichen Schlüssel verschlüsselt wurde. Dafür aber der unliebsame Zeitgenosse, der den falschen Schlüssel in Umlauf gebracht hat. Damit also jeder Absender überprüfen kann, ob ein Schlüssel auch zu der vermeintlichen Person gehört, ist es besser, den öffentlichen Schlüssel direkt nach der Erstellung dem Web of Trust anzuvertrauen.

Auch das geht mit der Schlüsselverwaltung im Enigmail-Modul des Thunderbird-Mailers. Nach der Generierung der Schlüsselpaare für jedes vorhandene E-Mail-Konto tauchen die Schlüsselpaare hier in einer Liste auf. Eigene Schlüssel (hier tauchen später auch die fremden Schlüssel der Kommunikationspartner auf) sind in dieser Liste hervorgehoben.

Diese Liste zeigt auch eine achtstellige Schlüsselkennung an, die jedes Schlüsselpaar eindeutig kennzeichnet und mit der man schnellen Zugriff hat. Wählt man einen Schlüssel aus, so kann man über „Schlüsselserver" --> „Schlüssel hochladen" seine Schlüssel auf einen Server des Web of Trust hochladen.

Dort wird der Schlüssel auf andere Server im Web of Trust verteilt. Danach steht er für alle Kommunikationspartner, die mit dieser E-Mail-Adresse kommunizieren wollen, bereit. Sie können danach suchen und sich den Schlüssel herunterladen. Spätestens vor der ersten Verwendung des Schlüssels müssen sie dem Schlüssel allerdings auch einen Vertrauensstatus zuweisen.

Sie müssen angeben, ob und wie sie den Schlüssel und seine Zugehörigkeit zur angegebenen E-Mail-Adresse überprüft haben. Wenn dies sorgfältig gemacht wurde, dann kann der Schlüssel signiert werden und ins Web of Trust zurückgespeist werden. Damit bestätigen sich die Nutzer des Web of Trust gegenseitig die Authentizität von Schlüsselpaaren. So entsteht gegenseitiges Vertrauen.

Vertrauen ist im Web of Trust ein doppeldeutiger Begriff. Denn es gibt zwei Vertrauensbeweise, die einem bezüglich der Schlüssel abverlangt werden. Bei der ersten Vertrauensfrage geht es um Tatsachenfeststellung, ob ein ganz bestimmter Schlüssel wirklich zu einer ganz bestimmten E-Mail-Adresse gehört. Dies kann und sollte in der Regel mit einfachen Hilfsmitteln wie beispielsweise dem Telefon abgeklärt werden.

So können wichtige Kommunikationspartner angerufen und nach dem Fingerprint ihres Schlüssels gefragt werden. Der Fingerprint ist eine Prüfsumme des Schlüssels, die einzigartig für jeden Schlüssel ist. Der Fingerabdruck besteht aus einem 48-stelligen Hexadezimal-Code und sieht so aus:

02EF FDBE 635B CEB0 1D26 4A1B C019 6235 0A95 DE3D

Diesen Fingerprint kann man sich in der Schlüsselverwaltung für jeden Schlüssel der Kommunikationspartner anzeigen lassen und leicht vergleichen mit dem Code, den man am Telefon erfahren hat. Solch eine Überprüfung ist ein veritabler Echtheitsbeweis des Schlüssels und sollte Voraussetzung sein für jede vertrauliche Kommunikation.

Die zweite Vertrauensfrage ist tatsächlich nicht ganz so leicht zu beantworten wie die erste und hängt stark von der Einschätzung der Person ab. Es geht um das Vertrauen in den Besitzer eines Schlüssels. Dann nämlich, wenn man für das Web of Trust den Schlüssel eines anderen Besitzers digital signiert. Bei diesem Vorgang wird nämlich abgefragt, ob und wie sehr man dem Besitzer des zu signierenden Schlüssel vertraut, die Echtheitsprüfungen anderer Schlüssel genauso penibel wie man selbst zu machen.

Schließlich sollte man nur jene Schlüssel signieren, die man 100 %ig auf Authentizität selbst geprüft hat. Und von dem Besitzer des Schlüssels, den man bestätigt, sollte das auch angenommen werden, weil sonst das Vertrauensnetzwerk Bruchstellen bekommt. Das alles macht Mühe, nicht nur in zeitlicher Hinsicht und angesichts der vielen Klicks, die bei jedem Schlüssel der Kommunikationspartner zu vollziehen ist.

Auch emotional ist hier Aufwand erforderlich, weil zu jedem Kommunikationspartner, dessen Schlüssel man signieren – also mit dem eigenen Vertrauen ausstatten – will, eine persönliche Überlegung nötig ist. Andererseits ist dieser Vorgang sehr wichtig, um das Web of Trust mit genau diesem Vertrauen auszustatten, damit alle sicher kommunizieren können.

Dies ist also eine Frage von Geben und Nehmen. Wer sich im Enigmail-Menupunkt „Schlüsseleigenschaften" einmal genau ansieht, wer alles den Schlüssel eines Kommunikationspartners tatsächlich unterschrieben hat, der wird schnell feststellen, dass dies ein wunder Punkt des Web of Trust ist. Meist fehlen hier die Unterschriften anderer Kommunikationspartner, so dass man bei einer gänzlich fremden E-Mailadresse keinerlei Hinweise bekommt, ob diese authentisch ist oder nicht.

Hätte zum Beispiel der Schlüssel zur gänzlich unbekannten E-Mail-Adresse halumi.kaese@molki.de eine digitale Unterschrift von hans.wurst@kassler.de, so wäre dies ein starkes Indiz für die Authentizität. Fehlt dieser Vertrauensbeweis hilft nur eins: Überprüfen!

Ein Warnhinweis darf allerdings an dieser Stelle nicht fehlen: Auch die Signatur eines Schlüssels ist ein Metadatum – Wenn die Schlüssel beispielsweise zu einer pseudonymen E-Mailadressen von vielen Menschen mit Klartext-E-Mailadressen signiert werden, dann droht sich allein durch die vielen Referenzen die vermeintliche Anonymität des E-Mail-Besitzers in Luft aufzulösen!

Sobald die eigenen Schlüssel erzeugt sind kann es eigentlich losgehen mit der Krypto-Mail. Schicken sie sich zum Test erst einmal eine Mail an die gleiche Adresse, mit der sie Sie auch senden. Also, um im Beispiel zu bleiben, von hans.wurst@kassler.de an hans.wurst@kassler.de. In Ihrem Mailfenster, dort wo sie die Mail verfassen, sehen Sie zwischen der Menuleiste und der Absenderadress-Zeile neue Symbole angeführt vom Text „Enigmail:". Hier können Sie wählen, ob die E-Mail verschlüsselt oder unverschlüsselt, unterschrieben oder unsigniert versendet werden soll. Wählen Sie zum Spaß einmal „verschlüsselt" und „nicht digital unterschrieben" aus.

Geben Sie wie gesagt als Empfänger Ihre Absenderadresse ein, als Betreff zum Beispiel „Test-Mehl" und als Mail-Text ein beliebiges Gedicht von Johann Wolfgang von Goethe ein. Vorausgesetzt, Sie haben für die Absenderadresse=Empfängeradresse ein Schlüsselpaar erzeugt, wird nun die E-Mail klaglos versendet.

Wenige Augenblicke später sollte sie in Ihrem Posteingang erscheinen. Falls Sie sich wundern, warum sie vor dem Senden kein Passwort eingeben mussten: Verschlüsselte Mails werden immer mit dem öffentlichen Schlüssel des Empfängers verschlüsselt. Und für den benötigt man kein Passwort – er soll ja öffentlich und frei zugänglich sein.

Wenn Sie jetzt aber in den Posteingang wechseln und die Mail öffnen wollen, dann ist es soweit: Das Passwort für den geheimen Schlüssel wird abgefragt. Und ohne das Passwort kommen sie an diese Mail nicht mehr ran. Gut – eine verschlüsselt Mail an sich selbst zu senden – das ist weder schwierig noch besonders sinnvoll.

Also wählen Sie sich einen Mailpartner aus, dem sie schon immer einmal eine geheime Botschaft schicken wollten. Sie müssen auch gar nicht wissen, ob es für diesen Mailpartner im Web of Trust einen öffentlichen Schlüssel gibt. Denn den sucht sich das Verschlüsselungsmodul selbst. Dahinter steckt auch eine konsequente Logik, denn ohne den öffentlichen Schlüssel des Empfängers zu kennen, kann das Modul gar nicht verschlüsseln – es fehlt ja der Schlüssel.

Das Verschlüsselungsmodul sucht sich in der Liste der verwalteten Schlüssel den passenden für den Empfänger, den Sie angegeben haben. Sollte diese E-Mail-Adresse in Ihrer Schlüsselverwaltung noch nicht vorhanden sein, wird Ihnen diese automatisch angezeigt und sie können dort per Knopfdruck im Web of Trust nach einem möglicherweise vorhandenen Schlüssel des Empfängers fahnden lassen. Wird ein passender Schlüssel gefunden, können Sie die Vertrauenswürdigkeit festlegen und ihn verwenden. Werden Sie nicht fündig, dann können Sie an diese Adresse keine verschlüsselte Mail schicken.

Diese Überprüfung funktioniert natürlich auch, wenn Sie eine verschlüsselte E-Mail nicht nur an einen, sondern gleich an eine ganze Reihe von Empfängern schicken wollen. Jede einzelne Empfänger-Adresse wird vom Enigmail-Modul separat überprüft, ob ein entsprechender öffentlicher Schlüssel zum Verschlüsseln vorhanden ist. Wenn nicht, werden Sie auch hier zum Abfragen des Schlüssels im Web of Trust aufgefordert. Lässt sich auch nur für einen Empfänger kein Schlüssel auftreiben, wir die E-Mail konsequenterweise auch nicht verschickt.

An dieser Stelle sei auch das Augenmerk auf die sogenannten Metadaten gerichtet, die auch bei verschlüsselten Mails im Klartext übertragen werden. Das heißt, auch bei diesen speziell gesicherten Mails sind Absender, Empfänger, Sendezeit und Betreff im Klartext zu erkennen. Deshalb sollte peinlichst darauf geachtet werden, insbesondere im Betreff-Feld keine relevanten Informationen anzugeben. Alles was zu schützen ist, darf einzig und allein im Textfeld der Mail untergebracht werden.

Verschlüsseln oder nicht verschlüsseln das ist hier die Frage. Wann sollte man eine Nachricht verschlüsseln und wann nicht? Das Krypto-Modul Enigmail gibt einem zum Beispiel die Möglichkeit, automatisch immer zu verschlüsseln, solange ein öffentlicher Schlüssel der Gegenseite vorhanden ist.

Ist das sinnvoll, immer alles verschlüsselt durch die Welt des Internets zu schicken? Im Prinzip ja, könnte man meinen, denn wer einen öffentlichen Schlüssel zur Verfügung stellt, kann ja auch dechiffrieren. Eine verschlüsselte Mail sollte ihn nicht vor größere Probleme stellen. Und Verschwörungstheoretiker betonen an dieser Stelle immer wieder, dass so die Geheimdienste auch nicht mehr relevante von irrelevanten Mails unterscheiden können, wenn alles verschlüsselt ist.

Der Aufwand für die Dienste alles zu entschlüsseln, wäre dann so hoch, dass sie allein dadurch in Probleme kämen. Umgekehrt, würden nur wichtige Mails verschlüsselt, würde man NSA und Co. regelrecht darauf hinweisen, wo es etwas abzuschnorcheln gibt. Unglücklicherweise verhindert die banale Realität die Anwendung der reinen Lehre.

In Zeiten von Smartphones, Tablets, Zweit- und Drittcomputern stoßen viele Empfänger von verschlüsselten Mails öfter mal auf Probleme, weil sie gerade an dem Gerät, das sie gerade in der Hand halten, nicht entschlüsseln können. Besonders auf dem Smartphone und dem Tablet sind GnuPG-Lösung zwar verfügbar, aber oft unpraktisch und eher zum Abschalten.

Darüber hinaus sind auch viele Web-Mail-Interfaces nicht in der Lage, PGP-verschlüsselte Mails zu entschlüsseln, so dass man unterwegs an einem fremden Rechner dann in die Röhre guckt. Außerdem hat man ja nicht immer seinen geheimen Schlüssel mit dabei, wenn man irgendwo anders ist und dort mit einem fremden Rechner arbeitet.

Schließlich gilt es ja den geheimen Schlüssel so sicher wie möglich, unter kontrollierten Bedingungen und möglichst nur auf einem oder ganz wenigen Rechnern aufzubewahren. All diese praktischen Probleme führen in der Praxis dann doch dazu, dass man mit etlichen Kommunikationspartnern lieber doch unverschlüsselt kommuniziert, um ihre geschätzte Zuneigung nicht zu verlieren.

Verschlüsseln allein reicht nicht immer Es ist zwar ein schönes Gefühl, wenn Sie von einem Freund oder sogar von einem Informanten die erste verschlüsselte Mail erhalten. Wenn Sie beim Öffnen der Mail aufgefordert werden, Ihr Passwort einzugeben und die Botschaft dann im Klartext angezeigt wird, dann wissen Sie – mit der Schlüsselverwaltung und mit der Verbreitung ihres öffentlichen Schlüssels haben Sie alles richtig gemacht. Doch die Fallstricke liegen ganz nah bei Ihnen.

Wenn Sie in dieser Situation eine E-Mail weiterleiten wollen, die Ihnen verschlüsselt zugesandt wurde und die Sie bereits durch Passworteingabe entschlüsselt haben, dann wird die Weiterleiten-E-Mail zunächst im Klartext angelegt. Sie sollten sich also an dieser Stelle sicher sein, dass Sie die E-Mail dann auch nur verschlüsselt weiterversenden, also die Verschlüsselung aktiviert ist.

Es stellen sich aber auch noch andere Fragen in Bezug auf eingegangene Krypto-Mails. Denn wenn Sie sich die Mail noch einmal genauer angucken, dann werden Sie schnell erkennen: Es gibt zwei offene Fragen! Erstens ob die Mail wirklich von dem Absender kommt, den die E-Mail-Absenderadresse vorgaukelt und zweitens ob die Mail auch tatsächlich so bei Ihnen angekommen ist, wie der Absender sie auch losgeschickt hat.

Es ist ein leichtes für einen Betrüger, unter jeder x-beliebigen E-Mail-Adresse Nachrichten zu verschicken. Nicht ganz so leicht, aber dennoch gut möglich ist es, eine Mail auf dem Weg durch das Internet zu kompromittieren, also zum Beispiel den verschlüsselten Originaltext durch einen anderen, ebenfalls verschlüsselten Text auszutauschen.

Gegen diese Art von Information hilft nur eines: Unterschreiben! Glücklicherweise ist auch eine digitale Unterschrift mit Ihrem Schlüsselpaar recht einfach, zumal die Enigmail-Tools im Thunderbird-Browser auch diese Funktion komplett unterstützen.

Für jede E-Mail bietet Enigmail die Option „Verschlüsseln" und die Option „Digital Unterschreiben" an. Jede Funktion kann einzeln oder auch zusammen aktiviert werden. Versuchen Sie einmal eine unverschlüsselte (!) E-Mail an einen beliebigen Empfänger mit Ihrer digitalen Unterschrift zu senden.

Beim Drücken auf den Senden-Knopf werden Sie jäh ausgebremst. Denn es öffnet sich ein Passwortfenster, in dem Sie die Zugangskennung für Ihren geheimen Schlüssel eingeben müssen. Das Passwort-Eingeben für jede zu versendende E-Mail ist lästig. Deshalb kann Enigmail so konfiguriert werden, dass ein einmal eingegebenes Passwort für eine bestimmte Zeit auch für weitere Sende- oder Entschlüsselungsvorgänge gültig bleibt.

Eine gute Einstellung für die Zeit sind beispielsweise zehn Minuten. Wer mehrmals am Tag seine E-Mails en bloc bearbeitet, muss dann jeweils nur am Anfang des Bearbeitungsblockes das Passwort eingeben. Nach zehn Minuten E-Mail-Abstinenz erlischt dann Gültigkeit der Passworteingabe.

Wir erinnern uns beim Signieren werden die Schlüssel genau andersherum wie beim Verschlüsseln verwendet. Der Text der Mail bleibt auch beim Signieren so wie er ist – er wird nicht unkenntlich gemacht. Dafür wird aber am Ende der Mail ein sogenannter Hash – auch so eine Art verschlüsselter Fingerabdruck - angehängt, der mit Ihrem geheimen Schlüssel erzeugt wurde.

Beim Empfänger kann der Hash mit dem öffentlichen Schlüssel des Absenders entschlüsselt werden und mit dem Hash-Wert des erhaltenen E-Mail-Textes verglichen werden.

Damit wird der Beweis geführt, dass die E-Mail tatsächlich vom behaupteten Absender stammt und unverändert beim Empfänger angekommen ist. Diese „elektronische Unterschrift" gibt dem Empfänger also sehr viel Sicherheit.

Deshalb entscheiden sich auch viele Menschen dazu, die Unterschriften-Funktion dauerhaft zu aktivieren, zumal die Unterschrift bei Empfängern ohne PGP-Tools zwar nicht ausgewertet werden kann, aber auch nicht stört. Nur über eines muss man sich dann im Klaren sein: Wenn Sie in einer Mail jemanden beleidigen, die Unwahrheit sagen oder eine millionenschweres Geschäft tätigen, dann wird es eng. Denn eine elektronisch unterschriebene Mail ist kaum zu manipulieren. Da wird es schwer, sich aus der Affäre zu ziehen.

IT-Grundschutz ist Informantenschutz

Zusammenfassung

Auf dem eigenen PC keine Spuren des Informanten zu hinterlassen, ist die eine Sache. Genauso wichtig ist es, die IT-Systeme, mit denen journalistisch gearbeitet wird, so abzusichern, dass Hackingangriffe nicht so ohne weiteres möglich sind. Die Fachleute nennen die entsprechenden Methoden und Verfahrensweisen dafür IT-Grundschutz. Um den geht es in diesem Kapitel, weil er auch ein wichtiges Stück Informantenschutz ist.

Schlüsselwörter

Proxy · Firewall · Virenschutz · Zugriffsschutz · Sicherheitsmanagement · Backup-Strategie · Einzelsicherung

Fangen wir mit den äußeren Rahmenbedingungen an: Sensible Daten gehören nicht auf den Redaktionsserver, sie haben auf dem Arbeitsplatzrechner im Journalistenbüro oder der Redaktion nichts zu suchen, und sie sind überhaupt nicht dazu geeignet, auf dem Tablet durch die Gegend getragen zu werden. Das Prinzip lässt sich leicht auf die Rechner im Büro übertragen.

Und das hat viele Konsequenzen: Ein Serverraum sollte stets abgeschlossen sein. Die Absicherung durch eine Alarmanlage inklusive Bewegungsmeldern und Wärmesensoren oder Trittschlaufen ist ebenfalls ein Muss. Denn allein von den ganz normalen Alltagsdaten, die so auf Servern von Redaktionen und Journalistenbüros herumliegen, lässt sich eine Menge auf die laufenden Recherchen, auf Schwerpunktberichterstattungen und damit letztlich auf Informanten schließen.

Material von Whistleblowern landet natürlich sofort via dediziertem Laptop auf einer externen Festplatte. Deren Inhalte werden verschlüsselt, die Platte wandert, je nach Recherchephase und –projekt, entweder in den Tresor, wahlweise ins Bankschließfach oder zum Notar. Auf diesem nur für diesen Zweck beschafften Laptop wird mit dem Material des Informanten auch nur gearbeitet, wenn mit dieser Geschichte gerade etwas passiert. Ansonsten sind Laptop und externe Platte wohlverwahrt und vor allen Dingen für alle interessierten Detektive, Sicherheitsfachkräfte und Vertreter von Sicherheitsbehörden schlicht unzugänglich.

Journalisten, die ihren Arbeitsplatz verlassen, sollten zumindest einen Bildschirmschoner mit Passwortschutz verwenden. Geht es in eine längere Mittagspause, empfiehlt es sich, das Gerät auszuschalten. Doch der Alltag in Redaktionen und Büros sieht dummerweise vollkommen anders aus. Da sind die Kollegen so vertrauensselig, dass sie nicht nur Einblick in die unverschlüsselt gespeicherten aktuellen Recherche-Protokolle nehmen lassen an Ihrem PC, der natürlich nicht durch einen Bildschirmschoner mit Password bei Abwesenheit des regulären PC-Nutzers geschützt ist. Sondern sie lassen auch schon mal gerade ihren Mail-Account, den sie gerade aufgerufen haben, unbeaufsichtigt, um sich schnell mal an der nur 200 Meter entfernt stehenden Kaffeemaschine zu versorgen.

Rechtemanagement ist alles Zum IT-Grundschutz zählt natürlich ein ordentliches Rechtemanagement. Das ist im Journalismus oftmals unbekannt. Hier kann nicht selten jeder prinzipiell auf alle Daten zugreifen. Für Informanten kann das gefährlich werden. Deshalb muss die Vergabe von Zugriffsrechten auf die unterschiedlichen Dateien, Netzwerke, Segmente oder auch auf die verschiedenen Webdienste und Social-Media-Plattformen genau geregelt sein. Jeder darf nur auf die Daten zugreifen, die er zur Erledigung seiner Arbeit auch wirklich braucht. Um auf diese Daten zugreifen zu können, ist die Grundsicherung über Benutzerkonto und Passwort absolut notwendig.

Trivialpasswörter wie „12345" oder gute Merksätze, wie zum Beispiel „das Passwort ist ‚geheim'", sind heutzutage noch in viel zu vielen Redaktionen anzutreffen. Auch die Angewohnheit, Passwörter auf gelbe Merkzettel zu schreiben und unter die Tastatur zu kleben, ist in IT-grundschutzgesicherten Redaktionen verboten. Passwörter sollten des öfteren gewechselt werden und möglichst in keinem Wörterbuch zu finden sein.

Denn dann wird bei einem Brute-Force-Angriff, bei dem einfach ein mehrere hunderttausend Phrasen umfassendes Wörterbuch abgearbeitet wird, dem Angreifer die Arbeit erschwert. Helfen kann hier die Leed-Sprache[1], bei der Buchstaben durch ähnliche Zeichen ersetzt werden. L33d oder l33t klingt zwar manchmal nach Kindergarten, bietet aber einen wirksamen Schutz gegen automatische Suche. Brute-Force-Attacken beruhen nämlich gerade auf diesem Automatismus.

Wir verwenden dabei gerne Phrasen die wir uns merken können und die deshalb auch nicht in irgendeiner Datei, auf einem gelben Zettel oder in einem Notizbuch, das man dann natürlich gern mal auf einer Hackertagung verliert, notiert sind. „L33d-@utom@ti5mu5 v0n p3t3r" war etwa mal ein solches Passwort, das natürlich inzwischen längst nicht mehr verwendet wird.

Ganz schlau haben es die Kollegen eines französischen Fernsehsenders angestellt. Die hatten nämlich die Zugangsdaten zu ihren Social-Media-Accounts allesamt fein säuberlich und gut lesbar auf großen Zetteln ausgedruckt und mit Tesafilm an die Redaktionswand geklebt, damit auch alle Kollegen und Besucher der Redaktion Zugang haben können.

Damit noch nicht genug hat dann der durchaus selbstbewusst bis eitel agierende CvD des Senders seinen Kollegen ein Interview vor laufender Kamera gegeben und sich dabei vor diese wunderschön gestaltete Wand mit den Zugangsdaten der Social-Media-Accounts gestellt. Wie zu hören war, sind von denen nicht nur die grünen, roten, gelben und weißen, also wirklich farbenfrohen Zettel als Wandschmuck bewundert worden, sondern auch die darauf vermerkten Informationen.

Zu diesen äußeren Rahmenbedingungen in Sachen IT-Grundschutz zählt auch der Umgang mit Laptops, Tablets und Smartphones auf Dienstreisen. Wenn man sich einmal die Mühe macht und durch die Wagen eines normalen ICE läuft, wird man in der zweiten Klasse mit Sicherheit ein gutes Dutzend herrenlos herumliegender Geräte dieser Art finden, weil deren Besitzer gerade die Toilette oder das Bordbistro aufgesucht haben. In der ersten Klasse sind es – vermutlich, weil dort Getränke und Speisen am Platz serviert werden – nicht gar so viele Geräte.

Bekannt geworden ist der Fall eines Abteilungsleiters einer deutschen Sicherheitsbehörde, der sein Tablet nur kurz auf seinem Sitzplatz der ersten Klasse liegen ließ, um sich frisch zu machen. Als er zurückkam, war nicht nur sein Tablet verschwunden, sondern mit dem Tablet auch die Klarnamen von vier auf des Terrorismus Verdächtige angesetzte Mitarbeiter seines Amtes. Das sollte uns Journalisten

---

[1]Verschiedentlich auch als Leet-Sprache bezeichnet. Sie leitet sich vom englischen „Leetspeak" her, eine Schriftsprache, in der Buchstaben durch ähnlich aussehende Sonderzeichen oder Ziffern ersetzt werden. Durch Counter-Strike wurde der Begriff Leet in der Spieleszene sehr populär.

mit Informantendaten möglichst nicht passieren. In den Lounges auf Flughäfen und Bahnhöfen wird man übrigens in dieser Hinsicht genauso fündig.

Also lautet der heiße Tipp des IT-Grundschutzes: Das Endgerät immer am Mann/an der Frau tragen. Das meint übrigens auch, dass es verboten ist, das Gerät einfach in der Jackentasche stecken zu lassen, wenn man die Jacke auszieht. Nicht selten sind Jacken gestohlen worden, damit die Diebe sich in den Besitz eines Smartphones und hier vor allen Dinge der darauf gespeicherten Daten bringen konnten.

Beim Thema Zugriffssicherheit kommt die Rede unweigerlich auf Firewalls. Grundsätzlich ist es nicht falsch, sich so etwas auf seinem Rechner zu installieren, sinnvoll ist es gleichwohl nicht immer. Aber es schadet auch nicht, vorausgesetzt die Firewall trägt nicht dazu bei, ein falsches Sicherheitsgefühl hervorzurufen.

Verabschieden sollte man sich von der irrigen Annahme, eine Firewall könne böse Trojaner durch die Abwehr von Portscans verhindern. Trojaner werden in aller Regel vom Anwender selbst unwissentlich installiert. Das kann eine Firewall nicht verhindern, wohl aber die Einrichtung einer Sandbox und ein halbwegs gut gewartetes Antivirenprogramm. Dort muss nämlich die Überprüfung stattfinden, ob Datenpäckchen Schädlinge transportieren oder nicht.

Statt auf eine Firewall zu vertrauen, sollte besser ständig überprüft werden, welche Ports nach außen offen sind und ob man die darauf laufenden Dienste wirklich benötigt oder nicht einfach für eine kürzere oder längere Zeit schließen kann. Offene Ports bergen immer ein gewisses Risiko, das kann auch eine Firewall nicht verhindern. Denn sie zeigt ja offene Ports nicht etwa als geschlossen an.

Die Überprüfung der installierten Software ist übrigens in Sachen IT-Grundschutz auch eine äußerst ergiebige Angelegenheit. Häufig sammeln sich auf einem Journalistenrechner mehrere dutzend Testprogramme an. Das sollte nicht so sein. Es empfiehlt sich, für Testzwecke einen eigenen Rechner anzuschaffen, der je nach Aufwand und Testszenario auch über eigene Netzwerkressourcen respektive über einen eigenen DSL-Zugang verfügt.

Eine echte Plage sind da übrigens Freeware-Programme auf Journalistenrechnern. Journalisten sind ja nicht nur Jäger und Sammler, sondern in nicht wenigen Fällen Schnäppchenjäger. Über Presserabatte müssen wir an dieser Stelle nicht reden. Aber wir müssen Freeware thematisieren. Ob es sich um Tools für die Bildbearbeitung, Wörterbücher oder Spiele handelt, Journalisten stehen auf Freeware.

Das ist ein echter Albtraum für jeden Sicherheitsbeauftragten. Denn nicht wenige Freeware-Programme, vor allen Dingen für das Betriebssystem Windows verfügbare, bringen auch gleich noch einen kleinen Trojaner oder Spyware der unterschiedlichsten Art mit. Freeware hat auf Arbeitsrechnern von Journalisten nichts zu suchen. Es kann natürlich – wie immer im Leben – Ausnahmen von dieser Regel geben. Aber dabei darf es sich nur um intensiv getestete Programme aus bekannten und seriösen Quellen handeln.

Proxy-Server bieten einen ausgezeichneten Zugangsschutz. In Verlagen und Funkhäusern werden die in der Regel von der IT-Abteilung betrieben und dienen natürlich der Kontrolle der Mitarbeiter. Deshalb sollte aus Gründen des Informantenschutzes auch wirklich vertrauliche Kommunikation und sensible Recherchearbeit nicht auf dem Arbeitsplatzrechner im Medienhaus stattfinden. Das kann gar nicht zu oft wiederholt werden.

Wir haben es hier mit einem echten Dilemma zu tun. Ein Proxy-Server ist ja in der Regel eine Software, ein System, das vor den Client-Rechner geschaltet ist, um häufig angefragte Seiten vorzuhalten und somit die Netzlast durch genau dieses Zwischenspeichern oftmals aufgerufener Inhalte zu reduzieren. Diese Funktion ist auch als Caching-Funktion bekannt. Aber so ein Proxy-Server kann viel mehr. Und da kollidieren dann mitunter die Interessen von IT-Grundschutz und Informantenschutz.

Ein Proxy-Server kann nämlich nicht nur filtern und damit den Zugriff auf unerwünschte Inhalte unterbinden, er kann auch sämtliche Zugriffe und Kommunikations-Metadaten loggen, also speichern. Genau das aber sind die Server-Eigenschaften eines Proxy, die den auf Informantenschutz bedachten Journalisten nicht gerade erfreuen. Lösen lässt sich das nur, wenn der Journalist keinen Proxy eines internen oder externen Dienstleisters nutzt, sondern nur seinen eigenen. Das bedeutet aber auch, dass er dem Proxy seines Internet-Providers misstraut.

Der unter Entwicklern am weitesten verbreitete Proxy-Server ist Squid, der unter Linux läuft. Wer sich die entsprechenden Konfigurationsarbeiten zutraut, ist damit bestens bedient. Journalisten scheuen diese Mühe aber in der Regel. Sie sollten sich auf Proxy-Server der Trutzbox oder entsprechender anderer Produkte verlassen.

Nach einer Einbruchssicherung wird auch immer wieder gefragt. Denn dieser Bereich wird durch die gängigen Antivirenprogramme, die Journalisten auf ihrem Rechner haben, nicht abgedeckt. Empfehlenswert ist als sogenanntes Intrusion-Detection-System Snort, das auch unter Windows seinen Dienst versieht. Snort ist ein Open-Source-Projekt. Daneben gibt es natürlich eine Menge kommerzieller Systeme. Die Entscheidung für eines dieser Systeme ist natürlich auch vom Budget abhängig. Entsprechende Pakete haben auch die meisten Hersteller von Antiviren-Software im Angebot. Die Kosten liegen für einen Endgeräteschutz zwischen 40,00 EUR und 270,00 EUR im Jahr.

Apropos Antivirenschutz der wird häufig massiv überschätzt. Natürlich ist eine Software, die eingehende Datenpäckchen auf etwaige Schadsoftware überprüft, immer sinnvoll. Aber die Erwartungen an diese Software dürfen nicht zu hoch sein. Denn Virenschutzprogramme bieten in der Regel keinen umfassenden Schutz.

Wie gut dieser Schutz ist, darüber streiten Hersteller und Sicherheitsexperten. Einen 99 prozentigen Schutz verspricht Marco Preuß vom Antivirenhersteller Kaspersky. Auf 35 bis 96 Prozent taxierten die Softwaretester der Stiftung Warentest während der vergangenen fünf Jahre in der Regel bei ihren Analysen das Schutzniveau von Antivirenprogrammen. Solche Ergebnisse sind immer davon abhängig, wie die Sicherheitssoftware getestet wird „Da sorgen leider weder die Hersteller von Antivirensoftware noch die Testlabors für ausreichend Transparenz" bedauert der Informatiker und Systemspezialist Peter Piksa.

Das sorgte auch bei einem großangelegten Test von 14 kommerziellen und vier kostenfreien Sicherheitsprogrammen der Stiftung Warentest für Unruhe. Zehn Hersteller von Antivirensoftware kritisierten die Testergebnisse in einem offenen Brief an die Warentester. Die aber legten nicht etwa die durchgeführten Tests und die dabei verwendete Schadsoftware offen, sondern wiesen die Kritik pauschal zurück.

„Nur wenn die Rohdaten und detaillierten Verfahren eines solchen Tests offen gelegt werden und nachvollziehbar sind, kann über die Gültigkeit der Testergebnisse etwas ausgesagt werden", meint Experte Peter Piksa, der auch eine Zeit lang bei einem Hersteller von Antivirensoftware gearbeitet hat. Seither geht er mit den Schutzversprechen der Anbieter von Sicherheitssoftware ausgesprochen kritisch um. „Mitunter wird da ganz erheblich getrickst und getäuscht", meint Piksa.

Tatsächlich geben sich viele Hersteller ausgesprochen zugeknöpft, wenn sie nach aussagekräftigen Testergebnissen gefragt werden, mit denen nachvollziehbar das Schutzniveau der Sicherheitsprodukte bestimmt werden kann. Nicht selten wird auf die Empfehlungen der Anti Malware Testig Standards Organization (AMTSO) verwiesen. Die AMTSO-Experten haben zwar neun Prinzipien für den Test von Sicherheitssoftware verabschiedet. Die aber sind so allgemein gehalten, dass sie für die praktische Durchführung von Tests kaum verwertbare Hinweise liefern. Außerdem gilt die Organisation als ausgesprochen herstellernah.

In den Entwicklungslaboratorien der Hersteller haben sich hingegen drei Standardverfahren durchgesetzt, mit denen die eigenen Sicherheitsprodukte getestet werden, bevor sie auf den Markt kommen. Dazu zählen signaturbasierte Scannertests, die Verhaltensanalyse und der Reputationstest. Wer sich eine Antiviren-Software kauft, sollte den Hersteller gezielt nach den Ergebnissen dieser drei Verfahren befragen.

Beim Test des Virenscanners wird mit sogenannten Signaturen gearbeitet. Das sind Muster, nach denen Computerviren programmiert sind. Anhand dieser Muster oder Signaturen kann ein Antivirenprogramm dann die Schadsoftware erkennen. Der Virenscanner muss also nicht die ganze Datei auf Schadsoftware prüfen, sondern vergleicht das Dateimuster, aus dem er Dateiart und –aufbau erkennen kann, mit den in einer Schadsoftware-Datenbank hinterlegten Mustern oder Signaturen. Stimmt das Muster einer gescannten Datei mit einem Schadmuster überein, schlägt der Virenscanner Alarm.

Dabei wird sowohl mit einer bestehenden Internetverbindung zum Server des Antivirenherstellers mit der aufliegenden Schadsoftware-Datenbank gearbeitet als auch offline. Besteht keine Internetverbindung, so können nur die lokal gespeicherten Schadsoftware-Signaturen abgeglichen werden. Ganz aktuelle Schadsoftware kann dann meistens nicht erkannt werden. Das Schutzniveau sinkt in solchen Fällen natürlich.

Bei der Verhaltensanalyse prüft die Sicherheitssoftware, ob Programme bestimmte Sprungadressen in den unterschiedlichen Speicherbereichen ansteuern, die als sicherheitsrelevant oder sogar als Risikofaktor bekannt sind. Ebenso wird überwacht, ob Algorithmen Operationen an bekannten Sicherheitslücken ausführen. Ist das der Fall, so kann mit einer hohen Wahrscheinlichkeit davon ausgegangen werden, dass es sich um eine Schadsoftware handelt, die geblockt werden muss.

Drittens führen die Hersteller sogenannte Reputationstests durch. Dabei greifen sie auf Anwendungsdaten ihrer Kunden zurück, die freiwillig und anonym die auf ihrem System installierten Anwendungsprogramme und deren Ausführungsdaten melden. Solche Reputationsservices geben einen recht guten Überblick, wie verbreitet eine Software ist und welche Probleme Anwender damit in der Vergangenheit hatten. Dabei sind in den Datensammlungen der Reputationsserver nicht nur Anwendungsprogramme aus sicheren Quellen verzeichnet, die einwandfrei arbeiten, sondern auch Schadprogramme, die sich als normale Anwendungssoftware tarnen. Die können durch eine Reputationsabfrage schnell als zumindest unsichere Software unter Umständen sogar aus dubiosen Quellen identifiziert und gegebenenfalls geblockt werden.

In einigen Herstellerlaboratorien wird darüber hinaus noch eine Art Variationstest gefahren. Dabei wird der Quellcode bekannter Schadprogramme leicht verändert und als ausführbares Programm auf das Testsystem gespielt. Die dort installierten Virenscanner und die Software für die Verhaltensanalyse müssen dann mit einem nur teilweise bekannten Muster bzw. nicht in allen Details bekanntem Verhalten eines schädlichen Programms fertig werden.

„Wichtig ist, dass alle Komponenten getestet werden und nicht nur die signaturbasierten Virenscanner", hebt Kaspersky-Manager Marco Preuß hervor. Dabei muss die eingesetzte Schadsoftware genauso detailliert dokumentiert werden wie die genutzten Sicherheitslücken und der genaue Testverlauf. Erst anhand dieser Daten kann man das Schutzniveau ablesen, das mit der eingesetzten Sicherheitssoftware erreicht werden kann. Hier aber geben sich die meisten Hersteller ausgesprochen zugeknöpft. Uns Journalisten hilft das aber nicht. Wir müssen also hartnäckig nachfragen, um den bestmöglichen IT-Grundschutz auch in Sachen Virenschutz bieten zu können, den wir für unsere Arbeit und damit auch für den Informantenschutz brauchen.

Und dazu sollte in jedem Fall eine aktuelle und nach allen drei Verfahren geprüfte Antiviren-Software installiert werden, die auch stets auf dem aktuellen Stand gehalten wird. Dies betrifft sowohl die Virensignaturen, als auch die eigentlichen Prüfinstanzen, die zumeist Engine genannt werden. Natürlich kann jeder Journalist (und um zu gendern: jede Journalistin) noch mehr tun, um seinen oder ihren Arbeitsplatzrechner vor Viren zu schützen. Dazu gehört zum Beispiel, nicht jeden beliebigen Mailanhang einfach anzuklicken und ausführen zu lassen. Neugierige Journalisten scheinen hier besonders bedenkenlos zu verfahren.

Scriptcode ist ein echter Quälgeist Sowohl die Mailsoftware als auch der Browser sollten so konfiguriert sein, dass beliebiger Scriptcode nicht einfach ausgeführt werden kann. Das wird dann zwar beim Besuch einschlägiger Seiten sofort angemeckert, ist aber nicht weiter dramatisch, da sich der Recherchewert solcher Seiten oft in Grenzen hält. Sollte es doch einmal nötig sein, empfiehlt es sich, einen dedizierten Rechner nur für solche Recherchen zu verwenden. Und natürlich gehört es unbedingt zu einem IT-Grundschutz des eigenen Rechners, die vom Hersteller des Betriebssystems zur Verfügung gestellten Sicherheitspatches auch zu installieren. Da sind nicht wenige Journalisten von einer Fahrlässigkeit beseelt, die ihresgleichen sucht.

Die Backup-Strategie zählt unbedingt zum erweiterten IT-Grundschutz. Satte elf Megabyte Daten bearbeitet oder erzeugt der durchschnittliche Journalist an einem normalen Arbeitstag. Die Tendenz ist steigend. Im Jahr 2003 waren das nur zwei Megabyte. Das ist sein oder ihr Beitrag zur Wertschöpfung. Und von diesen Daten hängt im Zweifelsfall sogar die wirtschaftliche Existenz des Freiberuflers oder des Medienhauses ab. Deshalb muss im Rahmen eines wohldurchdachten IT-Grundschutzes auch eine klare Backup-Strategie vorliegen.

Genau darauf lassen es aber viele Journalisten geradezu hasardeurartig ankommen. Sie sichern die Daten ihrer täglichen Arbeit gar nicht oder nur unvollständig gegen die lauernden Gefahren. Eine vorbeugende Datensicherungsstrategie schützt sowohl vor Viren und Hackern als vor äußeren Einflüssen und höherer Gewalt. Zum Beispiel bei einem erfolgreichen Hackingangriff mit sogenannter Ransom-Software, die sämtliche Daten auf der Festplatte des angegriffenen Systems verschlüsselt, hilft nur, das verschlüsselte Systeme vollständig zu löschen und komplett neu aufzusetzen. Das ist ohne aktuelles Backup schwierig.

Aber es drohen auch noch andere Gefahren neben solchen Virenangriffen. Den 11. September 2001 nennen zum Beispiel die Redakteure Wall Street Journal im Rückblick gern „Kampftag". Gekämpft haben sie gegen den totalen Datenverlust. Denn mit den Twin Towers in New York wurden auch rund 80 Gigabyte Produktionsdaten für die WSJ-Ausgabe am 12. September vernichtet. Aber die Ausgabe erschien trotzdem. Produziert wurde in einem Schulungszentrum, in dem ansonsten neue Mitarbeiter in das Redaktionssystem des Wall Street Journal eingearbeitet werden.

Die Produktionsdaten, wie Seitenlayouts, Stehsatzgeschichten oder bereits eingespiegelte Artikel und Anzeigen kamen vom Datensicherungsrechner der Finanzjournalisten. Der Rechner, der halbstündlich alle Produktionsdaten spiegelt, steht 50 Kilometer von der Wall Street entfernt in New Jersey. Nicht jeder Verlag treibt in Sachen Datensicherung einen so hohen Aufwand wie das Wall Street Journal, das mit einem Ausweichrechenzentrum im Katastrophenfall binnen weniger Minuten weiter produzieren kann. Und erst recht tut das nicht jeder Journalist.

Entscheidend ist die Berechnung, wie viel ein Ausfall der Speicherserver und Produktionsrechner den Verlag oder den freiberuflichen Journalisten kostet. In einigen Häusern sind Ausfälle bis zu 45 Minuten akzeptabel, Häuser mit aktuellen Produkten müssen zwingend unter der Fünf-Minuten-Grenze bleiben. Ist die sogenannte zumutbare „Höchstausfalldauer" definiert, kann ein maßgeschneidertes Konzept für die Datensicherung entwickelt werden. Bei Freiberuflern wird die kritische Grenze meist mit einem Arbeitstag angegeben. Ausfälle der IT-Systeme, die länger dauern, kosten dann richtig Geld. Im Zweifelsfall verliert der Journalist wichtige Kunden, weil er nicht fristgerecht geliefert hat. Und eine Lieferungsverzögerung mit der Begründung, der Rechner sei abgestürzt, kann sich heute niemand mehr leisten.

Medienhäuser, die in Echtzeit mit kritischen Finanzinformationen online handeln, entscheiden sich da beispielsweise für den „Non-Stop-Betrieb", bei dem auf Server-Farmen alle Daten mehrfach gespiegelt, also auf unterschiedlichen Rechnern gespeichert werden. Die Ausweichrechenzentren stehen an weit voneinander entfernten Orten, damit im Fall einer Naturkatastrophe, wie einem Erdbeben, Hochwasser und sogar einem Meteoriteneinschlag nicht alle Rechenzentren betroffen sind. Freie Journalisten können daraus immerhin lernen, ihre Backup-Medien nicht im Büro aufzuheben, in dem auch der Arbeitsplatzrechner oder Server steht. Dass externe Festplatten oder USB-Sticks mit sensiblen Daten, nicht in das Büro gehören, steht ja in diesem Buch mehrfach geschrieben. Der Tresor, das Bankschließfach und die Kanzlei des Notars sind hier der richtige Aufbewahrungsort.

Für den einzelnen Journalisten bietet sich als generelle Backup-Strategie ein Sicherungsverfahren an, das mit der Spiegelung der Daten auf einem eigens dafür vorgesehenen Netzwerkrechner arbeitet, täglich eine solche Spiegelung vornimmt und den gesamten Datenbestand einmal pro Woche auf ein sogenanntes Backup-Band kopiert oder auf eine externe Festplatte, die zum Beispiel im Tresor der Hausbank aufbewahrt werden. Die Investitionen für solche Datensicherungen liegen in der Regel bei nur wenigen hundert Euro für den Datensicherungsrechner und das Bandlaufwerk oder die ab 40 Euro zu beschaffende externe Platte. Die Kosten für den Tresor bei der Hausbank kommen natürlich noch hinzu.

Ein anderer Ansatz sieht vor, nur die Datenbestände abends zu sichern, bei denen es tagsüber zu Änderungen gekommen ist. Bei dieser sogenannten inkrementellen Datensicherungsstrategie ist die Investition in die Software zwar etwas höher, dafür sinkt der tägliche Aufwand enorm, die Daten des Verlages oder Journalistenbüros zu sichern. Die gängigen Speichernetztechnologien sehen entsprechende Optionen auch bereits vor. Für Einzelplatzrechner außerhalb eines Netzwerks kostet Backup-Software, die zwischen geänderten und unbearbeiteten Dateien unterscheiden kann, nur wenige Euro mehr.

Die Einzelplatzsicherung hat sich in der Vergangenheit immer wieder als riskante Angelegenheit erwiesen. So wurden Datensicherungen nicht konsequent betrieben und bei späteren Festplattenstörungen stellte sich heraus, dass wichtige Daten fehlten, weil beispielsweise über einen Zeitraum von mehreren Tagen nicht gesichert worden war. Zum anderen werden hier recht unterschiedliche Speichersysteme verwendet. Nicht selten hat sich dann die Situation ergeben, dass auf ein vor sechs oder sieben Monaten angelegtes Speicherband zurückgegriffen werden sollte, der PC-Besitzer sich aber mittlerweile von seinem Bandlaufwerk getrennt hatte und inzwischen CDs oder externe Platten als Sicherungsmedien einsetzte. War im Verlag kein Bandlaufwerk des entsprechenden Formates mehr verfügbar, blieben die Sicherungsdateien unzugänglich.

Übrigens auch bei der Sicherung auf Compact Disc oder externe Platten muss sichergestellt sein, dass die verwendeten Sicherungsformate dokumentiert sind und verfügbar bleiben. Nicht wenige Backup-Programme arbeiten mit herstellereigenen, sogenannten proprietären Formaten. Wird die Sicherungssoftware unter Verwendung derselben Laufwerke verwendet, kann es passieren, dass ältere Backups nicht mehr lesbar sind.

Schon allein deshalb empfehlen sich Netzwerklösungen zur Datensicherung des Bürobestandes, die von einem Anbieter in Generalunternehmerschaft installiert und gewartet werden. Derselbe Anbieter sollte dann auch möglichst für Einbruchsicherheit, also auch die Abwehr von Hackerangriffen und einen aktuellen Virenschutz sorgen. Die Kosten für entsprechende Dienstleistungsverträge mit kleineren Anbietern liegen hier zwischen 250.00 und 400.00 Euro im Monat. Das richtet sich natürlich nach dem jeweils zu treibenden Aufwand, der wiederum vom Schutzniveau abhängig ist.

Vier Schritte zum Sicherheitsmanagement sind generell empfehlenswert. Zunächst muss eine Bestandsaufnahme erfolgen. Hierbei müssen folgenden Fragen beantwortet werden: Welche Daten sind unternehmenskritisch? An welchen Standorten soll gesichert werden? Welche Speichernetzwerke werden bereits eingesetzt?

Danach geht es an die Erstellung einer Bedrohungsanalyse. Welche Gefahren drohen? Hat das Büro erhöhte Kommunikationsrisiken mit der Gefahr, dass Viren und Würmer eingeschleppt werden? Wie sicher ist das Netzwerk gegen Angriffe von außen?

In der Risikoabschätzung müssen dann diese Fragen beantwortet werden: Welche Risiken wollen wir in Kauf nehmen? Können wir uns den Ausfall eines Arbeitstages oder mehrerer Arbeitstage leisten oder muss die Verfügbarkeit mit wiederhergestellten Daten höher liegen? Wie teuer kommen uns verschiedene Ausfallarten zu stehen? Wieviel wollen wir demgemäß in eine Datensicherungslösung investieren?

Schließlich kommt es dann zur Strategieumsetzung. Dabei wird im Pflichtenheft festgelegt: Welche Daten werden wann gespeichert? Wie ist die Wiederherstellbarkeit der Daten gewährleistet? Wer überwacht die Backup-Verwaltung?

Wertvolle Hilfe kann insgesamt auch das Grundschutz-Handbuch des Bundesamtes für Sicherheit in der Informationstechnik geben. Es ist modular aufgebaut, so dass Journalisten die für ihre Situation zutreffenden und wichtigen Kapitel heranziehen können und nicht das mehrere tausend umfassende Werk in Gänze studieren müssen. Journalisten lesen ja bekanntlich ungern. Das Handbuch ist auf der Seite des Bundesamtes frei herunterladbar.

Weiterführende Literatur

Johannes Plötner, Steffen Wendzel, Steffen: Praxisbuch Netzwerk-Sicherheit (Bonn: Galileo Press 2007)

Sichere Kommunikation mit Informanten

Zusammenfassung

Das Rohmaterial für skandalöse Geschichten stammt immer von Informanten. Nicht selten liefern die ihr Material ungefragt ab, manchmal müssen Reporter sich auch erst auf die Suche nach auskunftswilligen Informanten machen. In beiden Fällen sind die Anforderungen an eine sichere Kommunikation enorm hoch. Zeit für ein paar Methoden, Kommunikation mit Informanten während der Recherche abzusichern.

Schlüsselwörter

Tote digitale Briefkästen · Treffvorbereitung · Postkarten

Die Ressourcen der Nachrichtendienste und Sicherheitsbehörden, Whistleblower zu jagen und zu enttarnen, sind enorm. Deshalb hat sich auch unter den technikfeindlichsten Kolleginnen und Kollegen herumgesprochen, dass technische Maßnahmen zur Absicherung der Kommunikation mit unseren Wissenslieferanten unabdingbar sind. Was sich noch nicht so weit herumgesprochen hat, ist die Tatsache, dass auch die organisierte Kriminalität erhebliche Mittel einsetzt, um Informanten ausfindig und dann unschädlich zu machen.

Hier geht es um Leben und Tod Deshalb ist der mitunter recht sorglose Umgang mit Whistleblowern, die über kriminelle Strukturen und Geschäfte berichten, auch unverzeihlich und sogar entsetzlich. Dennoch herrscht hier eine gewisse

© Springer Fachmedien Wiesbaden GmbH 2017
P. Welchering, M. Kloiber, *Informantenschutz*, Journalistische Praxis,
DOI 10.1007/978-3-658-08719-7_9

Nonchalance, die dem Ernst einer Recherche auf Leben und Tod überhaupt nicht gerecht wird.

Im Sommer 2015 recherchierten wir über Schlepperbanden als illegale Reisekonzerne, die das Internet als Vertriebskanal und Organisationsmittel einsetzen. Hier ging es zunächst einmal darum, herauszufinden, wie Schlepper Social-Media-Plattformen und andere Internet-Technologien für ihre Geschäfte nutzen. Die erste Recherchestufe bestand also in der sorgfältigen Suche nach entsprechenden Angeboten auf Facebook. Schon bald ergaben sich vielversprechende Ansätze und Kontaktmöglichkeiten via Twitter und Facebook. Übersetzer aus dem Arabischen halfen uns dabei. Die erste Geschichte ist schnell erzählt.

Für 6000 Dollar bot eine türkische Schleuserorganisation den Trip von Istanbul nach Deutschland via Facebook und Twitter an. Weitere 2000 bis 3000 Dollar wurden fällig, wenn die „Kunden" direkt aus Syrien oder aus dem Libanon abgeholt werden wollen.

Libysche Schleuserorganisationen nutzten nicht nur Facebook, um ihre „Überfahrten" zu verkaufen. Per Twitter werden Abfahrtzeiten und –orte bekanntgegeben. Für Rückfragen war eine Art „Kundenhotline" per Whatsapp erreichbar. Die Übergabezeiten und –orte einzelner Flüchtlingsgruppen an die nächste Schleusereinheit wird zum Beispiel auf Servern im Darknet verwaltet. In diesem Schattenreich des Internet sind die Server nur über geheime Internet-Protokoll-Adressen erreichbar.

Der Zugriff auf die Dateien ist mehrfach abgesichert Nur hin und wieder, wenn ein Mitarbeiter einer Schlepperorganisation mal schlampig gearbeitet und die Excel-Liste mit Namen, Routen und der zeitlichen Zuordnung zu einzelnen Schleppereinheiten nicht ordentlich gesichert hat, finden die Fahnder von Europol mal solche Dokumente. Für diese Rechercheansätze reichten die Absicherungsverfahren mit anonymisierten Social-Media-Accounts und Mailadressen sowie die verdeckte Recherche über das TOR-Netzwerk aus.

Doch dann ergab sich die Frage, wie Werbung, Organisation der Routen, Abrechnung und die Betreuung der potenziellen oder bereits geworbenen Flüchtlinge genau online abgewickelt werden. Europol hatte damals die in Italien angesiedelte Ermittlereinheit gegen Schleuserkriminalität auch um Cybercrime-Experten erweitert.

Gemeinsam mit Finanzspezialisten machten sie einige Hintermänner der Schlepperorganisationen ausfindig, indem sie Zahlungs- und Datenströme und aufdeckten und verfolgten, unter anderem den Sohn eines Staatspräsidenten. Entsprechend schwierig gestaltete sich auch die Kontaktaufnahme mit den ermittelnden

Europol-Beamten. Doch sie war machbar. Und Angehörige einer Einheit der italienischen Guardia di Financa, die Europol zuarbeiteten, versorgten uns mit Recherchetipps.

Dabei stellte sich heraus: Im Schleusergeschäft werden sehr erfolgreich Crowdworking-Modelle angewandt. Der Übersetzer, der die Facebook-Posts mit den aktuellen Reiserouten ins Arabische übersetzt, ist via Twitter angeheuert worden. Die Schleusereinheiten, die Flüchtlinge jeweils auf einer Teilroute begleiten, erhalten ihre Jobs nicht nur durch die direkte persönliche Ansprache, sondern auch per Whatsapp.

Die IT-Experten die dann die gesamte Kommunikationsstruktur auf Facebook und Twitter, via Whatsapp und die Server im Darknet betreuen, werden auf denselben Dienstleistungsplattformen im Internet angeheuert, auf denen auch Entwickler von Schadsoftware ihre Dienstleistungen anbieten. Hier brauchten wir einen Insider. Flüchtlinge aus Damaskus schilderten uns nicht nur ihre Erfahrungen, sondern kannten auch freie Mitarbeiter einer türkischen Schleuserorganisation.

Einer wollte aus dem Geschäft aussteigen und benötigte dafür dringend Unterstützung. Wir besprachen das Problem mit unserem Gewährsmann bei Europol, der allerdings sofort versicherte, offiziell gäbe es kein Zeugenschutzprogramm. Seinem Ermittlerteam seien da vollkommen die Hände gebunden. Anders sehe das bei Ermittlerteams zweier südeuropäischer Staaten aus.

Er stellte den Kontakt her. Und wir konnten unseren syrischen Informanten mitteilen, dass wir ihren freien Mitarbeiter treffen wollten, um seine Informationen zu prüfen. Wenn die Geschichte gut sei, könnten wir vielleicht einen Platz im Zeugenschutzprogramm eines EU-Staates vermitteln.

Das Treffen mit dem Schleusermitarbeiter fand unter enorm aufwändigen Sicherheitsmaßnahmen in München statt. Wir vereinbarten, dass er uns Material über den Einsatz von Internet-Technologien für die Verwaltung der Passagen sowie Hinweise auf aktuelle Werbemaßnahmen auf Facebook über einen „vorgeplanten Trip" zukommen lasse. Wir würden ihm nach den ersten beiden Lieferungen an die Zeugenschützer weiter vermitteln, allerdings müsse er uns vor Eintritt in das Zeugenschutzprogramm noch belastbares Material über die Organisation und Arbeitsweise der Schleuserorganisation liefern. Denn uns war klar, dass die Quelle nach der Aufnahme in das Zeugenschutzprogramm von den staatlichen Ermittlern abgeschaltet werden würde. Die wollten natürlich ihre Ermittlungserfolge nicht mit Journalisten teilen.

Wir vereinbarten die weiteren Kommunikationswege und den digitalen toten Briefkasten. Nach drei Tagen fanden wir Material im toten Briefkasten, das wir nach kurzer Echtheitsprüfung sofort für einen Bericht verwendeten. Die Geschichte war nach unserem Dafürhalten spektakulär. Deshalb musste auch vor der Sendung des Beitrages unser Informant in die Obhut der Zeugenschützer gelangen.

Wir mussten noch einmal akribisch und skrupulös prüfen, ob die bisherigen Kommunikationswege auch wirklich wasserdicht waren. Das Ergebnis: Unser Informant lebt heute mit neuer Identität in einem sicheren EU-Staat, und wir konnten im Deutschlandfunk und auf heute.de die Geschichte der „erzwungenen Funkstille im Mittelmeer" erzählen.

Und die geht so: Um Flüchtlinge in Seenot zu retten, haben Aktivisten Hotlines eingerichtet. Doch die Schlepper verhindern immer öfter Notrufe durch gezieltes Stören der Satelliten- und Mobilfunkfrequenzen. In der Europäischen Union wird darüber diskutiert, wie militärisch gegen die Schlepper vorgegangen werden soll. Die Strategie der hochprofessionellen Schlepperbanden war während der vergangenen Monate im Mittelmeer äußerst erfolgreich. Sie zerstörten auf größeren Flüchtlingsschiffen die Identifikationssysteme auf der Brücke. So wurden keine Angaben mehr zur Position, vorgesehenen Route und zum Schiff selber mehr gesendet.

Die Flüchtlingsboote wurden dann auf einen Kurs gesetzt, mit dem sie ein Handelsschiff kreuzten. Die Positionen der Handelsschiffe ermittelten die Schlepper auf ihren Begleitbooten per Radarüberwachung und Auswertung der Identifikationsdaten. Den Flüchtlingen an Bord wurde bei der Abreise gesagt, wann sie einen Notruf absetzen sollen, um von einem Handelsschiff geborgen zu werden. Wenn sie zu früh einen Notruf absetzten, würden sie es mit Einsatzkräften der europäischen Grenzagentur Frontex oder mit der Marine Großbritanniens, Deutschlands oder Italiens zu tun bekommen.

Weil das die Flüchtlinge aber nicht davon abhält in Seenot sofort per Satellitentelefon und in küstennahen Gebieten auch per Handy um Hilfe zu bitten, störten die Schlepper die entsprechenden Funkfrequenzen. Das haben sie zunächst mit kleinen Handgeräten getan, die aber nur eine Sendeleistung von 60 Watt hatten und deshalb nur mit einer Reichweite von 400 Metern störten. In diesen Fällen waren die Schlepper selbst an Bord des Flüchtlingsbootes. Das hat sich aber als zu gefährlich erweisen, weil zu viele Boote seeuntauglich waren und kenterten.

Deshalb haben sich die Schlepperbanden in einigen Fällen leistungsstärkere Störsender, sogenannte Jammingstationen, beschafft, die einen Radius von bis zu 10 Kilometern abdecken können. Wurden dann entlang der Reling des

Schlepper-Begleitbootes noch Antennenkabel mit Verstärkern verlegt, konnte mit einer Reichweite von bis zu 25 Kilometern der Satelliten- und Mobilfunkverkehr gestört werden. Solche Störsender kosten bis zu 300.000 Euro. Sie wurden und werden allerdings nicht flächendeckend eingesetzt. Da aber die Preise für die Überfahrt steigen, wenn die Erfolgsaussichten steigen, sicher auf das europäische Festland zu kommen, dürfte der Einsatz solcher Jammingstationen häufiger werden. Und die Erfolgsaussichten steigen, wenn der Notruf kurz vor Erreichen eines Handelsschiffes abgesetzt wird. Dafür müssen die technisch gut ausgerüsteten Schlepperbanden die Hoheit über den Funkverkehr behalten.

Bis die Notrufposition erreicht ist, muss also jeder Anruf per Satellitentelefon oder Handy unterbunden werden. Außerdem hatten und haben die Schlepper ein Interesse daran, dass Handelsschiffe die Flüchtlinge aufnehmen und nicht etwa die Marine oder Schiffe von Frontex, weil dann noch einige wichtige Spuren des Schleppernetzwerks beseitigt werden können. An Bord von Schiffen der Küstenwache oder Frontex werden den Flüchtlingen in der Regel sofort die Handys abgenommen, damit ausgewertet werden kann, welche Telefonnummern die Flüchtlinge abgerufen haben, bevor sie in See gestochen sind. Damit haben die Behörden Hinweise auf die Schleppernetzwerke bekommen.

An Bord der Handelsschiffe können die Speicher der Handys besser gelöscht werden. Zudem wurde durch den Einsatz der Störsender verhindert, dass die Flüchtlinge zu früh ihren Standort verraten, weil sie Rettungshotlines in Berlin oder anderen Städten angerufen haben.

Die Geschichte stand und fiel mit nur einem Informanten und dessen Bereitschaft, sein Wissen mit uns zu teilen. Wir machten ihm keine großartigen Versprechungen, konnten ihm allerdings nach Rücksprache mit einem Ermittlerteam glaubwürdig einen Platz im Zeugenschutzprogramm in Aussicht stellen. Dafür musste allerdings die weitere Kommunikation mit uns und die Kommunikation mit den Zeugenschützern hochgradig gesichert ablaufen. Zunächst vereinbarten wir beim Treffen in München eine postalische Tarnadresse, an die unser Informant bei Gefahr für Leib und Leben eine Postkarte mit einem ganz bestimmten Motiv schicken konnte. In diesem Fall hätten die Zeugenschützer unseren Informanten binnen 24 Stunden an einem auch bereits vereinbarten Treffpunkt abgeholt und in ihre Obhut genommen.

Postkarten sind ein sehr gutes Kommunikationsmedium mit Informanten, weil sie zu wenige Metadaten erzeugen, um von Nachrichtendiensten systematisch ausgewertet zu werden. Briefe haben in der Regel einen Absender und einen

Empfänger. Beide Adressen sind dokumentiert. Es fallen also beim Briefversand Metadaten an, für die sich Nachrichtendienste interessieren. Diese Metadaten sind außer den Absender- und Empfängeradressen das Aufgabepostamt. Bei Postkarten fehlt in der Regel die Absenderadresse. Deshalb ist die Auswertung der Metadaten von Postkarten für die Nachrichtendienste nicht von Interesse.

Wollten wir unseren Informanten per Postkarte erreichen, waren ebenfalls bestimmte Postkartenmotive als symbolische Information und eine Tarnadresse festgelegt. Außerdem wurde ein bereits seit einigen Monaten bestehender Account auf Dropbox als digitaler toter Briefkasten eingerichtet. Nach der bekannten Methode war dieser Dropbox-Account mit einer getarnten Mail-Adresse etabliert worden. Der Informant hatte bei unserem Treffen in München die Zugangsdaten erhalten und auf einem Stick die notwendige Software, unter anderem eine sichere Version von Truecrypt, um Dateien für den digitalen toten Briefkasten ausreichend verschlüsseln zu können.

Bei der Verschlüsselung mit Truecrypt für den toten Briefkasten handelt es sich um eine symmetrische Verschlüsselung. Deshalb müssen sowohl der Empfänger der Botschaft als auch der Absender den Schlüssel kennen. In diesem Fall standen insgesamt acht philosophische Monographien zur Auswahl, die das Schlüsselmaterial lieferten. Der konkrete benutzte Schlüssel wurde per Instagram mitgeteilt. Diese Mitteilung enthielt einen Verweis auf eine Monographie, der dann zum Schlüssel führte. Das ist ein insgesamt recht unaufwändiges Verfahren, das aber wesentlich höhere Sicherheit gewährleistet als die Verwendung asymmetrischer Verschlüsselung zum Beispiel bei der Verwendung von Open PGP mit Thunderbird.

Ob neues Material im Dropbox-Briefkasten lag, konnte jeder der Beteiligten entweder direkt auf Dropbox nachsehen oder aber über Instagram in Erfahrung bringen, wenn dort ein Verweis auf eine Literaturstelle erfolgte. Instagram bietet hier den Vorteil, dass auch mit bloßen Fotomotiven zur Übermittlung des Schlüssels gearbeitet werden kann. In Fotos eingearbeitete Zitate sind da allerdings noch eindeutiger und können ohne Missverständnisse direkt als Schlüssel verwendet werden.

Eine dringliche Notfallregelung sah schließlich noch einen Ersatzweg zur Kommunikation per Postkarte vor. In diesem Fall konnte unser Informant eine sichere Mobiltelefonnummer anrufen. Dahinter verbirgt sich eine freigeschaltete ausländische SIM-Karte, die ohne Angabe von Personendaten beschafft wurde und somit völlig anonym genutzt werden kann. Deren Beschaffung ist allerdings recht aufwändig und setzt ein gut funktionierendes Netzwerk voraus.

Hier gibt es allerdings eine Sicherheitslücke, in die Journalisten möglichst nicht hineintappen sollten. Wer eine freigeschaltete anonym besorgte Prepaid-Karte nutzt, braucht ein neues Handy ohne SIM-Karten-Beschränkung, neudeutsch auch SIM-Lock genannt. Die SIM-Kartensperre haben Mobilfunkanbieter eingeführt, um ihre Kunden sklavisch an sich zu binden. Geräte mit einem SIM-Lock funktionieren nur mit SIM-Karten eines bestimmten Anbieters.

Geräte, die für anonymes Telefonieren genutzt werden, müssen jedoch unbedingt mit möglichst vielen Karten unterschiedlicher Anbieter funktionieren. Es gibt zwei Städte, in denen SIM-Karten und alte Handys ohne SIM-Lock unproblematisch erworben werden können: London und Dubai. Eine Reise in diese beiden Metropolen lohnt sich für Journalisten also in mehrfacher Hinsicht.

Da nun jedes Mobilfunkgerät eine weltweit einmalige Seriennummer besitzt, von Experten auch als IMEI-Nummer bezeichnet, ist es wenig sinnvoll, eine anonym erworbene Prepaid-SIM in das eigene Gerät zu legen, um unerkannt telefonieren zu wollen.

Die bekannte 15stellige IMEI des Gerätes würde den Telefonierenden verraten. Deshalb benötigt der auf seine Anonymität Wert legende Journalist unbedingt ein Gerät mit einer IMEI, die ihm nicht zugeordnet werden kann.

Unerkannt eine SIM-Karte zu erwerben, das ist nicht ganz trivial. Die Wege sind teilweise etwas verschlungen. Der Flughafen von Dubai und der Mobilfunkshop in der Nähe der Paddington Station zu London sind nett, aber nicht unbedingt schnell mal am Samstag, bevor eine größere Recherche ansteht, zu erreichen. Auch hier empfiehlt es sich, zwei bis drei SIM-Karten ständig parat zu haben, um sie im Bedarfsfall rasch einsetzen zu können. Ein einfaches Handy, dessen IMEI weder dem Journalisten noch dem Informanten zugeordnet werden kann, sollte sich ebenfalls in den Tiefen redaktioneller Schreibtische finden.

In Deutschland sind kürzlich die Möglichkeiten. anonym telefonieren zu können, noch weiter eingeschränkt worden. Die Große Koalition hat ihre verschärften Gesetzesvorlagen, die glatt durch den Bundestag gelaufen sind, mit der immer größer werdenden Terrorgefahr begründet. Dennoch bleiben organisatorische und rechtlich saubere Beschaffungsnischen.

So empfiehlt sich nach wie vor der Erwerb von Prepaidkarten bei Lebensmitteldiscountern. In der Hektik der Kassiervorgänge bleibt hier die Feststellung der Personalien gar nicht so selten außen vor. Übrigens auch bei so anonym beschafften Prepaidkarten sind Kollegen schon mal in eine Sicherheitslücke getappt. Sie haben die Karte nämlich dann via Geldautomat aufgeladen und nicht per Aufladekarte, die mit ihrem Aufladecode die Anonymität des Aufladevorganges absichert.

Der Kauf von Prepaidkarten auf Flohmärkten wird wie auch die Beschaffung entsprechender Handys immer wieder empfohlen. Als unangenehme Begleiterscheinung wird lediglich ein wenig halbherzig davor gewarnt, dass solche Geräte natürlich einen Vorbesitzer hatten und dementsprechend nach dem Kauf noch Anrufe eingehen können, die dem Vorbesitzer gelten. Das sei unangenehm, aber doch durchaus in Kauf zu nehmen, wenn man anonym telefonieren wolle, so wird argumentiert.

Vorsicht, zumindest in Deutschland Wir haben Testkäufe solcher Prepaidhandys auf Flohmärkten in Berlin, Stuttgart und München immer wieder über einige Jahre durchgeführt und die Geräte danach auf Herz und Nieren geprüft. Die Hälfte der Geräte erwies sich als manipuliert. Unterschiedliche Spionagesoftware konnte in diesen Fällen nachgewiesen werden.

Ähnliches gilt für den Kauf von Prepaid-Handys im Internet. Auf unterschiedlichen Plattformen, die teilweise nur über das TOR-Netzwerk erreicht werden können, stehen Prepaid-Handys zum Verkauf. Die Preise liegen hier inklusive Prepaid-Karte zwischen 90 und 170 Euro. Zwei dieser Plattformen haben wir in den Jahren 2010 und 2011 intensiver beobachtet. Einige Angebote dort wurden von Rechnern eingespeist, die IP-Adressen deutscher Sicherheitsbehörden aufwiesen. Ob die dort nur ihre Altgeräte loswerden wollten oder anderes im Sinn hatten, kann natürlich auf Grund dieser Recherche nicht geklärt werden. Wir haben da aber eine Vermutung.

Ganz pfiffige Journalismustrainer die ihren Lebensunterhalt mit dem Abhalten von Seminaren und Workshops zum Thema „investigativen Journalismus" bestreiten müssen, empfehlen auch, zumindest Prepaid-Karten auf Ebay zu ersteigern. Sie vergessen zu erwähnen, dass bei einer solchen Transaktion dann zumindest Käufer und Verkäufer alle notwendigen personenbezogenen Daten austauschen. Für eine verdeckte Recherche und für den Schutz von Informanten sind das nicht unbedingt die besten Voraussetzungen.

Bleibt noch der Tipp
Prepaidkarten bei Online-Anbietern zu bestellen und ebenfalls online freizuschalten. Hier wird für gewöhnlich empfohlen, dies mit gefakten Angaben zur Person und zum Wohnort vorzunehmen. Das mag in Einzelfällen klappen, obgleich die eingegebenen Daten in der Regel vom Online-Anbieter in Echtzeit

auf Korrektheit überprüft werden. Auf jeden Fall ist das keine verlässliche Beschaffungsquelle.

Tatsächlich haben Gewährsleute das einmal mit einer Karte von Lycamobile ausprobieren können, die der Döner-Caterer um die Ecke bei Welcherings immer vorrätig hat. Die SIM-Karten liegen dort fertig konfektioniert bereit, man muss lediglich die Website von Lycamobile ansurfen und die Karte dort freischalten lassen. Das hat mit Personendaten und Mailangaben bzw. extra präparierten Rückfragetelefonnummern gut geklappt. Aber die Hürden, hier für Anonymität zu sorgen, sind hoch.

Letztlich bleibt nach unseren Erfahrungen ein internationales Netzwerk zur Beschaffung von Prepaid-Karten und Geräten mit nicht eindeutig zuzuordnender IMEI-Seriennummer. Das ist ein Erfolg versprechender Weg. Der Nachteil besteht natürlich darin, dass sich solch ein Netzwerk nur über viele Jahre hinweg aufbauen lässt, gepflegt werden muss und insofern auch einiges an Resourcen erfordert.

Die Smartphone-App Hushed kann helfen, wo Prepaid-Handys gerade nicht verfügbar sind. Unserem Informanten in Sachen Schlepperorganisationen hatten wir deshalb noch Hushed für die Kontaktaufnahme gegeben. Hushed ist für iPhones und Android-Smartphones verfügbar, erfordert die Registrierung per Mailadresse und Passwort, die aber datenschonend zu bewerkstelligen ist, und erlaubt die Nutzung des Smartphones einer US-Telefonnummer, die jedoch maximal fünf Tage und mit einer totalen Gesprächsdauer von zehn Minuten genutzt werden kann. Allerdings muss auch hier ein Smartphone verwendet werden, dessen IMEI-Nummer nicht dem Informanten zugeordnet werden kann.

Öffentliche Fernsprecher verwenden wir übrigens auch ganz gern und haben das auch unserem Informanten empfohlen. Allerdings gelten auch hier ein paar Regeln. Fernsprecher in Hotels sind für diese Zwecke gut zu gebrauchen, weil sie in der Regel nicht videoüberwacht sind. Öffentliche Fernsprecher in Fußgängerzonen mit viel einkaufendem Publikum sind hingegen fast immer videoüberwacht. Der Telefonierende könnte also gefilmt und somit enttarnt werden.

Die gute alte Telefonzelle gibt es ja nun fast nicht mehr. Aber Telefonsäulen und öffentlich zugängliche Telefone sind noch immer zahlreich vorhanden. Sogar in Bahnhöfen und auf Flughäfen finden sich Fernsprecher, die ohne Videoüberwachung erreicht und genutzt werden können. Der genutzte öffentliche Fernsprecher sollte nicht in der Nähe des eigenen Büros oder der eigenen Wohnung liegen, sondern weiter entfernt. Um ihn aufzusuchen gelten dieselben Sicherheitsregeln, die für einen Informantentreff gelten.

Anonymes und verschlüsseltes Telefonieren dagegen stellt Journalisten wie Informanten vor besondere Herausforderungen. Zum Glück ist dieses Anwendungsszenario nur in wenigen Fällen wirklich erforderlich. Dann kann man jedoch nur dazu raten, sich die Redphone-Signal-App von Open Whisper Systems auf einem Android-Gerät zu installieren, dessen IMEI-Nummer nicht zugeordnet werden kann, und eine Prepaid-Karte zu nutzen. Redphone stellt eine Voice-over-IP-Verbindung her, die Ende-zu-Ende-verschlüsselt ist, aber über einen zentralen Server vermittelt wird. Das sollte jeder Anwender im Hinterkopf behalten. Verbindungen zu Android-Geräte können auch mit der alten Redphone-App hergestellt werden, Verbindungen zu iPhone-Endgeräten setzen die Signal-App unter iOS voraus.

John Evans hat diesbezüglich zu Recht darauf hingewiesen, dass für diese Anwendung eine Mobilfunkverbindung genutzt werden solle und keine WLAN-Verbindung, die er als zusätzliches Sicherheitsrisiko einstuft.

Krypto-Handys die noch als Altgeräte verfügbar sind, bieten eine Alternative. Derzeit gibt es realistischerweise die Wahl zwischen zwei Kryptohandys, wenn Journalisten mobil und verschlüsselt telefonieren, mailen oder simsen wollen. Doch beide Smartphones bieten ausländischen Nachrichtendiensten Ansatzpunkte fürs Abhören. Allerdings gegen Abhörmaßnahmen der organisierten Krininalität sollten diese Krypto-Handys ausreichen, vorausgesetzt, es ist kein staatlicher Nachrichtendienst im Boot der organisierten Kriminellen. Das soll ja schon einmal passiert sein.

Schon etwas länger im Angebot regierungsamtlicher Beschaffungsstellen ist das Blackberry Z 10 mit einer filigranen Sicherheitsausrüstung der Düsseldorfer Spezialfirma Secusmart. Nicht mehr weiter entwickelt wird das Simko 3, das die Deutsche Telekom auf Basis des Samsung Galaxy S III angeboten hat. Bisher hatte in der Kryptoszene das Blackberry Z 10 die Nase vorn. Es gilt nämlich als das schickere Gerät. Und so mancher Staatssekretär oder Ministerialdirigent, der sich auch gern den Nimbus des toughen Managers geben will, tritt lieber mit einem Blackberry Z 10 vor die Kameras als mit dem etwas veralteten Samsung Galaxy S III, aus dem die Telekom-Spezialisten das Simko-Gerät gebastelt haben.

Unter Sicherheitsaspekten hat das Simko 3 allerdings etwas mehr zu bieten, vermutlich weil die Telekomer so viel daran herumgebastelt haben. Und das hat vor allen Dingen mit seinem eigens entwickelten Betriebssystem zu tun. Beim Blackberry Z 10 übernimmt Sicherheitsausrüster Secusmart nämlich im Wesentlichen das Blackberry-Betriebssystem und härtet es an einigen Stellen mit zusätzlichen Sicherheitsausstattungen. Die Simko-3-Entwickler gehen da anders vor. Sie entkernen das Gerät völlig, so dass vom Originalgerät nur noch das Gehäuse und die darin steckende Elektronik übrig bleibt. Außerdem stammen die Software und die Komponenten, die die T-Systems-Techniker zusätzlich in das Simko gesteckt haben, aus deutscher Fertigung.

Das gilt auch für das Kern-Betriebssystem des Simko 3, das die Entwickler direkt auf die Hardware legen. Das L4 genannte System ist von Forschern der TU Dresden entwickelt, von Informatikern der TU Berlin auf Herz und Nieren geprüft und in den T-Labs an das Simko 3 angepasst worden. Es umfasst weniger als 100.000 Codezeilen, während normale Smartphone-Betriebssysteme zwischen 70 und 100 Millionen Codezeilen aufweisen. Softwareexperten gehen davon aus, dass sich beim Programmieren auf 1000 Codezeilen bis zu 30 Programmierfehler einschleichen. Programmierfehler sind die Ursache von Sicherheitslücken. Solche Sicherheitslücken werden auf dem Schwarzen Markt via Internet gehandelt. Oftmals bieten Entwickler dabei eine aufgespürte Sicherheitslücke gleich mit einem Trojaner an, der diese Sicherheitslücke ausnutzt.

Die Sicherheitslücken in Blackberrys Enterprise Server, über die als PDF-Dateien getarnte Schadsoftware auf Blackberry-Smartphones geschleust werden konnte, sind zum Beispiel für 12.000 US-Dollar auf Auktionsplattformen im sogenannten Darknet angeboten worden. Je weniger Codezeilen ein Betriebssystem hat, umso weniger potenzielle Programmierfehler sind möglich. Und je weniger Fehler möglich sind, umso schneller können sie gefunden und beseitigt werden. So lassen sich auch Sicherheitslücken vermeiden.

Mit dem L4-System wollen die Verantwortlichen der Telekom einer alten Forderung der Sicherheitsexperten gerecht werden. Die hatten nämlich festgestellt, dass Smartphones, die im Ausland hergestellt werden, ein nahezu unkontrollierbares Sicherheitsrisiko darstellen. Die Smartphones von Samsung und Blackberry werden nun aber im Ausland produziert. Deshalb soll mit dem L4-Mikrokern aus deutscher Fertigung ein Betriebssystem für mehr Sicherheit sorgen.

Doch auch das hat Tücken. „Solch ein Betriebssystem muss implementiert werden", begründet der Computerwissenschaftler Professor Hartmut Pohl seine Zweifel an der Sicherheit nicht nur des Simko 3. Nur wenn nachgewiesen werden kann, dass nach der Implementierung das Design zu 100 Prozent mit dem mathematisch überprüften Entwurf übereinstimmt, attestieren die Experten ausreichende Sicherheit. „Das nachzuweisen ist aufwändig", meint Hartmut Pohl.

Und er hat weitere Sicherheitsbedenken bei den Kryptohandys, die sowohl das Simko 3 als auch das Blackberry betreffen. „Über die Eingabeschnittstellen lässt sich prinzipiell Schadsoftware einschleusen", gibt Pohl zu bedenken. Das sei zwar bei den Kryptohandys mit einem sehr großen Aufwand verbunden, aber durchaus machbar. „Auch die Verschlüsselung ist natürlich knackbar", urteilt Sicherheitsberater Pohl. Für angreifbar hält er die Schlüsselerstellung und –Verwaltung sowohl auf den Vermittlungsservern des Herstellers als auch auf den Rechnern des Providers. Und drittens müssen für ausreichende Sicherheit alle Hardware-Schaltungen eines solchen Smartphones überprüft sein. Da aber gibt es noch großen Nachholbedarf.

Weiterführende Literatur

Peter Berger: Unerkannt im Netz. Sicher kommunizieren und recherchieren im Internet (Konstanz: UVK 2008)

Heikle Besuchsvorbereitungen für Informanten-Treffen

Zusammenfassung

Ein Treffen mit dem Informanten ist unerlässlicher Bestandteil einer jeden investigativen Recherche. Doch an die Planung und Durchführung eines solchen Treffens muss der Journalist hohe Sicherheitsanforderungen stellen, will er seinen Informanten effektiv schützen. Um genau solche Sicherheitskonzepte und deren Umsetzung geht es in diesem Kapitel.

Schlüsselwörter

Videoüberwachung · ENF-Analyse · Treffpunkt-Analyse · Internet-Recherche · O-Töne von Informanten · Kommunikationssticks · Fake-Treffen · Falsche Bewegungsprofile · Grundabsicherung von Treffen

Solange Informanten nur virtuell auftreten, fehlt dem Journalisten ein wesentliches Element für die Beurteilung der Geschichte. Er muss wissen, weshalb ein Informant ihn ins Vertrauen zieht, wie der Informant in bestimmten Gesprächssituationen reagiert, um ihn und seine Glaubwürdigkeit einschätzen zu können. Außerdem lassen sich während eines solchen Treffens die zahlreichen notwendigen Absprachen für die künftige verdeckte Kommunikation verlässlich treffen, und der Informant kann mit entsprechender Sicherheitssoftware und gegebenenfalls weiteren Hilfsmitteln wie einem Prepaid-Handy ausgestattet werden.

Absprache des Treffens und die Auswahl des Treffpunkts erfordern bereits sorgfältige Planung. Zumeist liegen von einem Informanten geschickte Materialien vor. In einem solchen Fall muss die Identität eines Informanten ermittelt werden, bevor ein Treffen angeboten und dann vielleicht auch verabredet werden kann.

Mitunter wird ein Informant von Gewährsleuten empfohlen. Dann muss geprüft werden, ob ein Treffangebot über diese Gewährsleute unterbreitet werden kann. In einigen Fällen sucht der Journalist auch für eine bestimmte Geschichte nach Informanten. Dann muss er schon bei seinem Themenaufruf darauf hinweisen, dass er seine Tippgeber persönlich kennenlernen will. Die Umstände der Recherche diktieren dabei die konkreten Vorbereitungen für das Treffen.

Die hatte ein Team um die Tübinger Journalistin Pia Grund-Ludwig vor sieben Jahren in einem Aufsehen erregenden Beitrag im Deutschlandfunk über einen spannenden Fall von Mailüberwachung im Rathaus des beschaulichen Städtchens Remseck am Neckar berichtet. In den Tagen und Wochen nach Ausstrahlung dieses Beitrages berichteten die lokalen und regionalen Zeitungen, aber auch überregional beachtete Blätter über die Mailüberwachung im Rathaus.

Ausgangspunkt für dieses feine Stück investigativen Journalismus war eine anonyme Mail. Die war einem Kollegen Pia Grund-Ludwigs zugesandt worden. Absender war insider.remseck@eranet.pl.* Der Absender schilderte mit technischem Sachverstand, wie im Remsecker Rathaus Mail überwacht werde und mit welchen Methoden die Verwaltung dabei arbeite. Offensichtlich kannte der Informant sich bestens aus und war technisch versiert.

Internet-Recherche als Unterstützung zur klassischen Recherchetätigkeit war hier angesagt. Doch die muss so angelegt sein, dass die Identität des Informanten gegenüber Dritten geschützt bleibt. Das ist mitunter gar nicht so einfach. Jedenfalls erfordert es, dass jeder einzelne Recherche-Schritt auf etwaige Gefährdungen für den Informanten hin abgeklopft wird.

Natürlich musste die Personalratsvorsitzende im Rathaus interviewt werden, die auch prompt den schon seit längerem gehegten Verdacht äußerte, dass ihre Mails von Dritten mitgelesen werden. Natürlich wurde mit einem Gemeinderat gesprochen, dessen Mails über Wochen nur mit Verzögerung vom Rathausserver an ihn weitergeleitet wurden und der darüber sinnierte, welche Filter auf dem Mailserver im Rathaus wohl installiert seien.

Und natürlich wurden Informanten im Rathaus befragt. Aber natürlich interessierte sich das Rechercheteam auch für den Informanten. Es ist ja nicht unüblich, dass Informanten Journalisten aus sehr persönlichen und nicht immer ehrbaren Motiven einen Tipp geben. Von der Glaubwürdigkeit eines Informanten hängt da eine Menge ab. Um die aber beurteilen zu können, ist es notwendig, die Identität des Informanten zu kennen.

Im ersten Schritt wurde deshalb vom Rechercheteam die in den sogenannten „Kopfdaten" der E-Mail befindliche Internet-Protokolladresse (62.173.140,122) mit der eigentlichen Webadresse (eranet.pl) verglichen. Dabei stellte sich heraus, dass IP-Adresse und URL (Unified Resource Locator, das ist die Webadresse) nicht übereinstimmten.

Die erste Rechercheanfrage stellte das Team an den Domaindienst des „Réseaux IP Européens Network", einen der fünf Registrare der Internetverwaltung Icann, der in Europa Domainnamen und Webadressen vergibt und die für ein funktionierendes Internet notwendigen Datenbanken mit den Netzwerkinformationen pflegt. Dabei ergab sich, dass die von der polnischen Anonymisierungsplattform Eranet genutzten Internet-Protokolladressen nicht mit der in den Kopfdaten der Mail genannten IP-Adresse übereinstimmten.

In einem zweiten Schritt haben die Rechercheure mit einem auf jedem Windows-PC befindlichen Programm namens „tracert.exe" den Weg der Mail vom Empfängerserver zum Absender zurückverfolgt. Diese sogenannte Tracing-Abfrage erbrachte 26 IP-Adressen. Über die Server mit diesen IP-Adressen war die Mail also transportiert worden, die letzte ausgegebene IP-Adresse stimmte mit der im Mailkopf angegebenen überein und war vermutlich die Absenderadresse.

Die ermittelten IP-Adressen wurden mit dem Geo-Lokationsdienst unter der URL „netip.de" überprüft. Der Absenderserver stand allerdings nicht in Polen, sondern in Stuttgart. Jedoch war die Mail auch über einen polnischen Internet-Knotenrechner weitergeleitet worden. Eine Anfrage beim Netzservice „ip-lookup. net" ergab dann IP-Adressen, die mit dieser IP-Adresse eine netzorganisatorische Verbindung aufwiesen, das sind sogenante „related ip-adresses".

Nachdem das Rechercheteam diese verwandten IP-Adressen mit einer Whois-Anfrage geprüft hatte, stellte sich heraus, dass einem Stuttgarter Rechenzentrum diese IP-Adresse zugeteilt war.

Mit einem Anruf beim Administrator dieses Rechenzentrums konnte das Rechercheteam anhand der Netzsegmente der Internet-Protokolladresse recht rasch die Abteilung ermitteln, von deren Rechnern die Mail versandt worden war. An dieser Stelle entschied sich das Rechercheteam für den streng legalen Ermittlungsweg, verzichtete also bewusst auf die technisch mögliche, aber rechtlich zweifelhafte Überwachung des Ports, über den die Mail damals versandt worden war.

Stattdessen fragten die Kollegen einfach bei den möglicherweise betroffenen Verwaltungsmitarbeitern nach, ob sie am 9. Juni 2009 Uhr eine Mail mit einer Information an das Redaktionsbüro geschickt hätten. Das geschah in Einzelgesprächen bzw. individuellen Telefonaten und führte dazu, dass sich der bis dahin anonyme Absender der Mail den Kollegen offenbarte. Der Kreis der Verwaltungsmitarbeiter war zuvor durch die Definition der Netzabschnitte etwas eingekreist worden.

Eine solche Anfrage, ob da jemand eine Mail verschickt habe, ist nicht ganz risikolos. Zwar spielt hier in der Regel das Überraschungsmoment dem recherchierenden Journalisten in die Hände, dennoch muss hier auch immer abgewogen werden, ob durch solch eine Nachfrage unter Umständen die Identität des Informanten gefährdet werden kann. Dann muss eine solche Nachfrage natürlich unterbleiben. Hier kommt es auf das Tempo an. Solche Nachfragen, die zumeist bis zu einem Dutzend Mitarbeiter –je nach Organisation von Netzabschnitten – betreffen können, müssen in möglichst kurzer Zeit per Telefon abgewickelt werden.

Der betreffende Verwaltungsmitarbeiter gab sich zu erkennen. Ab diesem Zeitpunkt war klar, dass die grundlegenden Informationen zur Mailüberwachung im Remsecker Rathaus glaubwürdig waren und nun noch mit den klassischen Mitteln der Recherche überprüft werden mussten.

Das zeigt natürlich auch dass durch derartige Internet-Recherchen weder die Kreuzrecherche noch die Konfrontation der Betroffenen, in diesem Falle der Verwaltungsleitung, mit den recherchierten Fakten und die Bitte um Stellungnahme überflüssig werden. Es zeigt aber deutlich, dass eine Internet-Recherche hier eine enorme unterstützende Leistung entfalten kann.

Dabei muss natürlich jede recherchierende Kollegin und jeder recherchierende Kollege selbst entscheiden, wie weit er oder sie beim Einsatz von Hilfsmitteln und Werkzeugen für die Internet-Recherche geht. In rein technischer Hinsicht kann da inzwischen sehr weit gegangen werden.

Forensische Werkzeuge wie Wireshark erlauben eine umfangreiche Netzwerküberwachung mit einer detaillierten Analyse aller Verbindungen von und zu einem bestimmten Datenport. Mit sogenannter Deep-Packet-Inspection einzelner Datenpäckchen können zum Teil sehr vertrauliche Informationen gewonnen werden. Selbst die Überwachung verschiedener Internet-Knotenrechner mit allen darüber versandten Datenpäckchen stellt heute kein wirkliches technisches Problem mehr dar.

Deshalb muss die Diskussion über den Ausbau der Internet-Recherche auch von der berufsethischen Diskussion über den Einsatz einzelner Werkzeuge der Internet-Recherche begleitet werden. Die Gefahr, ethische Standards des liberalen Rechtsstaats noch im Rahmen der legalen Möglichkeiten zu verletzen, ist groß angesichts der enormen Leistungsfähigkeit der Methoden und Tools für die Internet-Recherche.

Eine solche Diskussion ist notwendig um konkrete Handlungsempfehlungen für den journalistischen Alltag zu haben. Denn von der völlig legitimen Verfolgung der IP-Adresse eines vermeintlichen Informanten ist der Schritt zur berufsethisch bedenklichen – und nach unserem Dafürhalten nicht mehr erlaubten – Auswertung des Netzverkehrs an einem Datenport, um den Absender einer E-Mail identifizieren zu können, in technischer Hinsicht sehr klein.

Deshalb müssen nicht nur investigativ arbeitende Kolleginnen und Kollegen hier sehr genau bedenken, was sie tun. Wer feststellt, dass eine Mail mit brisanten Informationen von einem Verwaltungsrechner in einer schwäbischen Kleinstadt versandt wurden, hat die journalistische Pflicht und das Recht, dem vermeintlichen Absender unter dieser IP-Adresse eine Nachricht zukommen zu lassen.

Er hat das Recht und die Pflicht, um ein Telefonat, persönliches Treffen oder weitere Kommunikation zu bitten, um weitere Klärungen treffen zu können, die eine solche Geschichte unbedingt braucht, damit sie veröffentlichungsreif recherchiert werden kann. Er hat nach unserem Dafürhalten aber überhaupt kein Recht, den Mailverkehr dieses Mitarbeiters zu überwachen.

In diesem Fall versprach der Rechercheur dem Verwaltungsmitarbeiter, der sich zu erkennen gegeben hatte, sich in den nächsten Tagen noch einmal bei ihm zu melden, das sei besser, als die Angelegenheit am Telefon zu erörtern.

Solche Treffen aber müssen extrem gut vorbereitet werden. Je sensibler die Dokumente und das Wissen des Informanten, umso präziser und sorgfältiger müssen die Journalisten das Treffen planen. Im Falle des Remsecker Verwaltungsmitarbeiters konnte dessen Privatanschrift über das örtliche Adressbuch ermittelt werden. An diese Privatadresse schickten wir eine Postkartenmitteilung mit dem Hinweis auf eine geplante Besprechung und baten um einen Terminvorschlag.

Als **Besprechungsort** schlugen wir ein Konferenzzentrum in Stuttgart vor. Als Absenderinstitution wählten wir ein Fortbildungsinstitut für Führungskräfte. Das erschien neutral genug und hätte auch im Fall von Ermittlungen seines Arbeitgebers, die wir zu diesem Zeitpunkt nicht ausschließen konnten, für eine ausreichend schützende Legende gesorgt.

Für eine Grundabsicherung sorgten wir auch beim ersten Treffen. Der Besprechungstermin war für den späten Nachmittag an einem Mittwoch geplant. Wir ließen eine halbe Stunde vor dem Termin eine Nachricht (im verschlossenen Umschlag) für unseren Informanten bei der Rezeption des Konferenzzentrums hinterlegen und baten die Rezeptionistin, unseren Gesprächspartner auf einen zweiten Ausgang hinzuweisen, den er nutzen möge.

Im Umschlag waren Adresse eines Hotels samt Zimmernummer und Zimmerkarte hinterlegt. Dort fanden wir uns dann zu einem Informationsaustausch zusammen. Bei einem solchen ersten längeren persönlichen Gespräch stehen zwei Themen bzw. Anliegen im Vordergrund: zunächst einmal herauszubekommen, weshalb der Informant zur Wissensweitergabe bereit ist, und danach die Einzelheiten für weitere Kontaktaufnahmen abzusprechen.

Die Umstände deuteten in diesem Fall zunächst auf keine wesentlichen Sicherheitsanforderungen hin. Denn das Thema, dass ein Verwaltungschef mit seiner Hauptamtsleiterin die Mails von Mitarbeitern überwacht, war ein lokal begrenztes. In der Provinz regt das niemanden auf. Und wer sich nicht aufregt bzw. wer nicht Gegenstand einer größeren Aufregung geworden ist, wird auch keine besonderen Maßnahmen zur Enttarnung eines Informanten ergreifen.

Außerdem ist im Falle einer kommunalen Verwaltung nicht davon auszugehen, dass großangelegte Überwachungsaktionen über den internen Verwaltungsbetrieb hinaus stattfinden würden. Auf solche Aktionen muss natürlich immer geprüft werden, sie müssen aber in einer solchen Provinzangelegenheit nicht unbedingt vorausgesetzt werden.

Die persönliche Motivation des Mitarbeiters stellte sich als gerade noch akzeptabel heraus. Als weitere Maßnahmen vereinbarten wir einen toten digitalen Briefkasten. Weitere Treffen schienen zum damaligen Zeitpunkt nicht erforderlich. Der Fall war von dieser Seite her ausrecherchiert. Sogar ein Prüfprotokoll einer Überwachungsmaßnahme hatte uns der Mitarbeiter geliefert.

Es wurde also Zeit für eine Kreuzrecherche Auch dabei hat der Informantenschutz unbedingten Vorrang. Hier wandten wir uns an die Personalratsvorsitzende, die Indizien dafür lieferte, dass auch ihre Mailadresse Objekt der Überwachung durch die Verwaltungsspitze geworden war. Denn erstaunlicherweise hatte die Verwaltung bei einer erst wenige Monate zurückliegenden Tarifauseinandersetzung immer Aushilfspersonal in die Kinderbetreuungsstellen geschickt, für die sehr kurzfristig Warnstreiks geplant gewesen waren. Wir verwendeten diese Begebenheit nicht in der Berichterstattung, weil wir lediglich eine Koinzidenz feststellen, aber keinen kausalen Zusammenhang beweisen konnten.

Das Gespräch mit der Personalratsvorsitzenden führte eine Kollegin ganz offiziell in deren Büro. Unser Informant hielt uns über den digitalen toten Briefkasten, den wir über einen Dropbox-Account eingerichtet hatten, über die Vorgänge im Rathaus auf dem Laufenden. Wir hatten ihm empfohlen, dafür seinen häuslichen PC zu nutzen und hatten ihn mit einem Kommunikationsstick ausgestattet, der einen TOR-Browser samt Onionproxy und dazugehöriger Software enthielt. So musste der Informant lediglich den TOR-Browser vom Stick aus an seinem PC aufrufen und konnte dann eine verschlüsselte Datei mit Nachrichten für uns in der Dropbox hinterlegen.

Als Verschlüsselungssoftware hatten wir Truecrypt gewählt. Auf dem Kommunikationsstick befand sich ebenfalls eine Eraser-Version, damit der Informant etwaig zwischengespeicherte Dateien vor der Verschlüsselung nach dem Versand in die Dropbox zuverlässig löschen konnte. Ebenso hatten wir ihn darum gebeten, Dateien von uns nach dem Entschlüsseln zu erasen.

Das war eine reine Vorsichtsmaßnahme, die wir angesichts der Tatsache, dass wir es hier mit einer kleinen Kommunalverwaltung im Speckgürtel von Stuttgart zu tun hatten, eigentlich für „oversized" hielten. Im Laufe der Recherchen stellte sich allerdings heraus, dass diese Vorsichtsmaßnahmen bei der Absicherung des Informanten richtig gesetzt und nicht übertrieben waren.

Der Verwaltungschef war nämlich Mitarbeiter der Landesvertretung Baden-Württembergs beim Bund gewesen, ehe seine Partei den anstehenden Umzug der Bundesregierung nach Berlin nutzte, um ihn ins Ländle abzuschieben. Aus dieser Zeit verfügte der Verwaltungschef noch über Kontakte, die er offenbar bemühte, um den Informanten zu enttarnen. Außerdem war sein Vertrauter aus der führenden Gemeinderatsfraktion ein führender Kopf im Weikersheimer Kreis.

Auf diese Verbindungen wurden wir aufmerksam, als unsere Gewährsleute uns darauf aufmerksam machten, dass es in der Remsecker Mailaffäre noch mehr Beteiligte gab. Wir hatten natürlich damit gerechnet, dass die Rathausspitze Anstrengungen unternehmen würde, den Informanten zu enttarnen. Wir hatten sogar nicht einmal ausgeschlossen, dass die Rathausspitze sich dabei Unterstützung vom örtlichen Polizeichef, einem Parteifreund des Oberbürgermeisters holen würden. Das wäre noch alles im erwarteten provinziellen Rahmen geblieben.

Mitarbeiter einer Dienststelle auf Bundesebene würden Erkundigungen zum Fall der Remsecker Mail-Affäre einziehen, hieß es dann aber übereinstimmend von Gewährsleuten aus Köln und Stuttgart. Wir misstrauten diesen Hinweisen zunächst, weil das für den simplen Fall einer Mailüberwachung in einem Rathaus doch eine Nummer zu hoch gehängt erschien. Tatsächlich stellte sich bei unseren Recherchen, wer sich denn noch für die Remsecker Mail-Affäre interessierte, heraus, dass hier sehr professionell ermittelt wurde. Der Informantenschutz sieht in solchen Fällen zwingend vor, den Informanten umgehend zu warnen. Allerdings neigen Informanten nach solchen Warnungen zu unüberlegten Handlungen.

Um die auszuschließen, war ein zweites Treffen erforderlich. Denn die jetzt eingetretene Gefährdungslage machte es unbedingt erforderlich, weitere Sicherungsmaßnahmen zu verabreden, aber auch im persönlichen Gespräch zu überprüfen, wie belastbar der Informant war und wie weit wir ihm Details der Gefährdungslage und ihrer Weiterungen sagen mussten, respektive ohne Gefahren für den Informanten heraufzubeschwören, ihm sagen durften.

Dieses Treffen verabredeten wir über den digitalen toten Briefkasten. Allerdings musste in diesem Fall ein Treffpunkt gewählt werden, der von allen Beteiligten erreicht werden konnte, ohne in das Linsenfeld von öffentlichen oder privaten Überwachungskameras zu geraten. Diese Vorsichtsmaßnahme war nötig geworden, weil ja offenbar eine Dienststelle auf Bundesebene nach Lage der Dinge involviert war. Ab jetzt wurde die Remsecker Mail-Affäre doch sehr aufwändig.

Kontrollbegehungen wurden notwendig um den Treffpunkt zu sichern. Dabei wurde recht umfänglich geprüft, ob im Umfeld des Treffpunktes Überwachungskameras installiert waren oder auf dem üblichen Weg dahin. Die Suche nach alternativen Routen beanspruchte eineinhalb Recherchetage, war aber erfolgreich.

Treffpunkt und alternative Zugangsroute zum Treffpunkt wurden für den Informanten im digitalen toten Briefkasten hinterlegt. Kollegen sicherten den Weg des Informanten zum Treffpunkt, konnten aber keine Indizien für eine direkte Überwachung unseres Informanten durch Sicherheitskräfte oder eine Detektei feststellen.

Gerade solchen Routen zu Treffpunkten, die frei sind von Überwachungskameras, muss sehr hohe Aufmerksamkeit der Journalisten gelten. Dabei muss die gesamte Route gescannt werden. Natürlich darf der Informant kein Handy oder Smartphone mit sich führen. Er würde dadurch ja ein Bewegungsprofil und somit Überwachung ermöglichen.

Wir empfehlen unseren Informanten überhaupt keine Kommunikationsmittel zum Treffpunkt mitzunehmen. Die Empfehlung, den Akku des Smartphones zu entfernen, um zu verhindern, dass ein ausgeschaltetes Smartphone über den

Kommandokanal von Dritten eingeschaltet werden kann, haben wir eine Zeitlang zwar tatsächlich gegeben, mussten aber feststellen, dass sich die Informanten dann nicht ganz korrekt daran hielten und das Smartphone doch nur ausschalteten. Beim iPhone kann der Akku ohnehin nicht ohne größere Schäden entfernt werden. Auch bei Huawei-Geräten sind die Akkus inzwischen fest verlötet.

Hier ist der regelmäßige Austausch mit Kollegen wichtig, die die Neuinstallation, den Abbau oder den Austausch von Überwachungskameras in ihrem Gebiet genau beobachten. Auf diese Weise kann die überwachungsfreie Route zum Treffpunkt in recht kurzer Zeit geplant werden. In Deutschland sind lose Netzwerke von Journalisten in München, Stuttgart, Berlin und Köln entstanden, die die jeweilige Situation in ihrer Stadt genau im Blick haben und bei Bedarf schnelle Planungen ermöglichen.

Videoüberwachung in Regionalzügen, S-Bahnen und Straßenbahnen erschwert den Informantenschutz hier enorm, zumal diese Art der Videoüberwachung gerade massiv ausgebaut wird. Solche Verkehrsmittel fallen zunehmend für die Bewältigung der Route zum Treffpunkt aus Sicherheitsgründen aus. Taxen bieten hier noch eine Alternative – Barzahlung natürlich vorausgesetzt.

Die Anforderungen an die Routenabsicherung im Falle unseres Informanten in der Remsecker Mail-Affäre hielten sich noch in überschaubaren Grenzen. Die Treffen waren auf den Großraum Stuttgart beschränkt. Trotz des Einbezugs einer Dienststelle auf Bundesebene und des Eingreifens von Gewährsleuten des Weikersheimer Kreises war der „konspirative Aufwand" gering.

Wir vermuten, dass hier nur mit sehr geringem Interesse ermittelt wurde, weil die Rathausspitze die Mailüberwachung der Mitarbeiter sehr rasch eingeräumt hatte und sich mit Unterstützung eines Parteifreundes des Rathauschefs darauf verlegte, die Angelegenheit mit Hilfe der örtlichen Lokalzeitung herunterzuspielen. Die Strategie der Rathausleitung sah vor, einen Stadtrat als undichte Stelle zu verdächtigen und diesen Verdacht über Wochen in der Lokalzeitung aufzubauen und zu verdichten. Insofern geriet zumindest in der öffentlichen Diskussion unser Informant gar nicht in den Fokus der Verdächtigungen und entsprechenden Diskussionen.

Die öffentliche Diskussion über die Mailüberwachung im Rathaus führte bei den eingeschalteten Mitarbeitern der Bundes-Dienststelle offenbar zu einer erheblichen Abnahme der Motivation, weshalb die Überwachung der als mögliche Informanten in Frage kommenden Rathausmitarbeiter nur ausgesprochen lasch betrieben wurde. Die anfängliche Aufregung über die Überwachungsmaßnahmen legte sich also bald.

Die Sendung über die Remsecker-Mailaffäre konnte zudem ohne O-Ton des Informanten, den wir im Jahre 2009 noch verzerrt hätten, um dem Informantenschutz zu genügen, stattfinden. Der Informant erhielt hier also die eher ungewöhnliche Rolle, lediglich Auslöser der Recherchen zu sein, die dann nach und nach die verschiedenen Puzzleteile für den Beitrag lieferten.

O-Töne von Informanten nehmen wir ab dem Jahr 2014 nicht mehr auf. Im Mai 2014 erhielten wir Kenntnis von einer seit Sommer 2009 aufgebauten und seit 2012 im sogenannten Wirkbetrieb befindlichen Datenbank, die von amerikanischen Sicherheitsbehörden in Kooperation mit deutschen Partnern betrieben wird, um Informanten zu enttarnen.

Aus dramaturgischen Gründen werden Informanten gern als Statementgeber in Hörfunk- und Fernsehbeiträgen verwendet. Als ausreichende Maßnahmen des Informantenschutzes galten im Hörfunk die Verzerrung der Stimme des Informanten und die Verschlüsselung der ursprünglich aufgenommenen Datei mit den Statements. Beide O-Ton-Dateien wurden nach dem damaligen State of the Art auf einer externen Festplatte gespeichert, die im Idealfall bei einem Notar hinterlegt wurde.

Wenn die Echtheit der verzerrt ausgestrahlten Statements nach der Sendung bestritten wird und deshalb gerichtlich geklärt werden soll, kann der Notar, bei dem die O-Töne verschlüsselt lagern, als Zeuge von Seiten der beschuldigten Journalisten aufgerufen werden. Dabei ist ganz wichtig, die ursprünglich aufgenommene Datei mit den Statements in Gegenwart des Notars unmittelbar nach der Aufnahme zu verschlüsseln und ihm Angaben zur Person des Informanten zu nennen.

Hierbei muss die Identität des Informanten nicht in jedem Fall zwingend offen gelegt werden. Im Verfahren kann der Notar dann jedenfalls die Authentizität der Aufnahme bestätigen, ohne im Sitzungssaal die Identität des Informanten offenlegen zu müssen.

Bei Kameraaufnahmen wird ähnlich verfahren Allerdings wurde hier bisher nicht nur die Stimme des Statementgebers und Informanten verzerrt, sondern er wurde auch auf unterschiedliche Weise maskiert, so dass seine Identität nicht über das ausgestrahlte Statement ermittelt werden kann. Ihn seitlich versetzt oder rückwärts vor eine spanische Wand zu setzen und nur die weitgehend unkenntlich gemachte Silhouette aufzunehmen, hatte sich da bewährt.

Seit wir Kenntnis von einer neuen forensischen Methode der Sicherheitsbehörden haben, Informanten trotz Verzerrung der Stimme und Maskierung im Bild zu enttarnen, lassen wir die Statements von Informanten durch Schauspieler nachsprechen.

Das machen leider nicht alle Hörfunk- und Fernseh-Journalisten so. Sie gefährden dadurch massiv die Sicherheit ihrer Informanten. Einem Soldaten der US Army wurde das zum Verhängnis. Er hatte Journalisten einer Fernsehstation Statements über ein von der National Security Agency betriebenes Spionagerechenzentrum in Deutschland gegeben. Trotz Verzerrung der Stimme und Maskierung des Bildes wurde der Soldat von US-Ermittlern enttarnt und war sofort in die USA überstellt worden. Es gab Gerüchte, er sei zu einer mehrjährigen Haftstrafe wegen Geheimnisverrats verurteilt worden.

Auf einer Forensiker-Tagung im Mai 2014 in Münster wurde die Methode offenbar, mit der amerikanische Ermittler den Informanten identifizieren konnten. Bei jeder Audioaufnahme – egal ob mit dem Aufnahmegerät eines Hörfunk-Journalisten oder mit der Kamera aufgenommen – wird die elektrische Netzfrequenz der Umgebungsgeräte in die Tonaufnahme eingestreut.

Die elektrische Netzfrequenz verrät also unter Umständen den Informanten. Sie liegt in Deutschland bei 50 Hertz als Normwert. Die zum Beispiel in einem Fernsehstudio oder Konferenzraum, in dem Statements aufgenommen werden, zu messende elektrische Netzfrequenz weist verbrauchsbedingt leicht davon ab und liegt in einer Sekunde zum Beispiel bei 49,9999 Hertz, in der nächsten bei 49,9988 Hertz und kurz drauf etwa bei 50,0001 Hertz.

Diese Schwankungen sind im Versorgungsgebiet einer Verteilstation gleich. Seit dem Jahr 2009 zeichnen nun Sicherheitsbehörden den Verlauf der elektrischen Netzfrequenz auch von mehreren zehntausend Verteilstationen im gesamten Bundesgebiet auf. In den USA und in Großbritannien erfolgt diese Aufzeichnung schon seit längerer Zeit.

Im Fall des whistleblowenden Soldaten der US-Army haben die amerikanischen Sicherheitsbehörden die elektrischen Netzeinstreuungen der gesendeten verzerrten O-Töne extrahiert. So erhielten sie ein Verlaufsmuster der elektrischen Netzfrequenz (ENF) von mehreren Minuten und glichen diese Verlaufsmuster mit den in der ENF-Datenbank gespeicherten Verlaufsmustern ab. Dieser Datenabgleich lieferte das Datum und die im Viertelstundentakt genaue Zeitangabe der Aufnahme sowie das Einzugsgebiet der Verteilstation.

Der Rest war reine Ermittlungsroutine zwar aufwändig, aber machbar. Mit den von der ENF-Datenbank gelieferten Datums- und Zeitangaben versehen, beschafften sich die US-Ermittler Aufzeichnungen von Überwachungskameras aus dem gesamten Versorgungsgebiet der betreffenden Verteilstation. Sie erweiterten dabei den Zeitkorridor um jeweils eine Stunde nach vorn und hinten.

Die Fülle des auszuwertenden Videomaterials war erheblich. Mehr als 150 Überwachungskameras aus dem gesamten Versorgungsgebiet lieferten mehr als vierhundert Stunden Videomaterial. In einem ersten Analyselauf ließen die US-Ermittler nichtrelevantes Ermittlungsmaterial von einer Analysesoftware ausscheiden. So wurde das mehr als vierhundert Stunden umfassende Videomaterial auf weniger als 60 Stunden reduziert.

Dieses Material enthielt auswertbare Personenaufnahmen, die die US-Ermittler von einer Gesichtserkennungssoftware analysieren ließen. So erhielten sie die Identität von etwas mehr als 700 Menschen, die sich zum fraglichen Zeitpunkt im Versorgungsgebiet der Verteilstation befunden hatten und dort zielbewusst eine Adresse ansteuerten. Letzteres lässt sich von Analysesoftware, wie sie unter anderem im Indect-Forschungsprogramm der Europäischen Union zum besseren Schutz vor terroristischen Angriffen entwickelt wurde, mit einem sehr hohen Wahrscheinlichkeitswert berechnen.

Ausgestattet mit den Angaben zur Person von über 700 Verdächtigen klärten die US-Ermittler die Hintergründe der so Ermittelten ab. Es blieben knapp 30 Verdächtige übrig, die einen Bezug zum US-Militär oder zur National Security Agency aufwiesen. Wie die US-Ermittler, die auf deutschem Hoheitsgebiet nicht einfach Verhöre durchführen dürfen, dann auf den tatsächlichen Informanten gekommen sind, ist nicht geklärt.

Entweder wurden die übrig gebliebenen Verdächtigen durch weiteres Material, das die Ermittler recherchierten, entlastet, oder der betreffende Informant gab seinen Geheimnisverrat zu. Ob und inwiefern diese Ermittlungsarbeit rechtsstaatlich korrekt durchgeführt wurde, scheint fraglich, kann aber letztlich nicht erwiesen werden. Auch die verschiedenen Arten der Kooperation mit deutschen Diensten oder deutschen Sicherheitsbehörden konnten trotz intensiver Recherchen nicht aufgedeckt werden.

Klar ist, dass die Auswertung der eingestreuten elektrischen Netzfrequenz von gesendeten Beiträgen inzwischen zum forensischen Standardwerkzeug der Sicherheitsbehörden und insbesondere der Nachrichtendienste gehört. Deshalb verbietet es sich aus Gründen des Informantenschutzes, Whistleblower vor eine Kamera oder ein Mikrofon zu setzen. Doch viel zu viele Hörfunk- und Fernsehjournalisten und auch zahlreiche Online-Kollegen machen das noch immer, weil ihnen nicht klar ist, wie effizient über die Auswertung der elektrischen Netzfrequenz die Identität von Informanten enttarnt werden kann.

Da hilft übrigens auch keine noch so gute Abklärung der Zugangsroute zum Treffpunkt, an dem die Statements aufgenommen werden sollen. Die meisten privaten und öffentlichen Überwachungskameras lassen sich zwar auf diese Weise erkennen. Aber in sensiblen Fällen, bei denen der Informant Gefahr läuft, Geheimnisverrat oder sogar Landesverrat zu begehen, um einen Missstand oder sogar einen schwerwiegenden Verstoß gegen die Menschenwürde aufzudecken, müssen die recherchierenden Journalisten immer davon ausgehen, dass staatliche Stellen Observationstrupps einsetzen, die oftmals eine Art Video-Schleppnetzfahndung durchführen.

Schleppnetzfahndungen sind nun nie besonders effektiv aber in Verbindung mit solchen forensischen Methoden, wie der Auswertung der elektrischen Netzfrequenz, bieten sie so viel Ausgangsmaterial, dass es unwahrscheinlich erscheint, dass der Informant den Kameras der Schleppnetzfahndung entgehen kann. Ohne ENF-Werkzeuge erbringen die Schleppnetzfahndungen nicht sehr viel. In Kombination mit dem Abgleich eines ENF-Verlaufsmusters können jedoch auch sehr plump durchgeführte Schleppnetzfahndungen erschreckend präzise Ergebnisse liefern.

Die einzige Möglichkeit seine Informanten davor zu schützen, besteht darin, einfach kein Material zu erzeugen, das dann einer Auswertung der elektrischen Netzfrequenz zugänglich wäre. Natürlich wird an dieser Stelle sofort eingewendet, dass O-Töne von Informanten aus dramaturgischen Gründen unerlässlich seien. Wir bezweifeln das zwar, können aber als einzelne Journalisten natürlich wenig gegen den Drang von Redaktionsleitern und Regisseuren ausrichten, Informanten-Statements als unverzichtbares Element eines sogenannten „investigativen" Beitrags einzubauen.

Aber wir können immerhin mit dem Argument gegenhalten, das den rein dramaturgischen Anforderungen, die sich in der Regel aus dem Anforderungsprofil wahlweise des dümmsten anzunehmenden Zuschauers oder Hörers ergeben, durchaus Genüge getan werden kann, wenn die Aussagen des Informanten von Schauspielern gesprochen werden.

Übrigens sollte auch in diesem Fall die Originalaussage in Schriftform mit einer Erklärung zur Authentifizierung des Informanten bei einem Notar hinterlegt werden. Im Fall einer gerichtlichen Auseinandersetzung kann das überaus hilfreich sein. Und die Zahl der Fälle, die nach der Sendung vor Gericht landen, nimmt zu. Das ist vermutlich ein Zeichen für die wachsende Nervosität in den Sicherheitsbehörden.

Bewegungsprofile vorzutäuschen ist in Fällen großer Sensibilität eine weitere viel versprechende Absicherungstechnik. Das ist allerdings enorm aufwändig. Doch in allen Fällen, in denen Informanten sehr brisantes Material besitzen und sich die betroffene Organisation großen Ermittlungsaufwand leisten kann, sollte das Faken von Bewegungsprofilen im Abwehrköcher der recherchierenden Journalisten sein.

Dabei geht es in erster Linie darum, dezent angebliche Treffs und Recherchereisen zu vereinbaren und zu unternehmen, um – auch präventiv – so viel Ermittlungsdaten auf der anderen Seite entstehen zu lassen, dass die dortigen Ermittler entweder die Nadel im Heuhaufen nicht finden können oder besser noch bei viel zu vielen Heuhaufen resignieren.

Das ist allerdings eine extrem aufwändige Methode die viel Zeit bindet und aufgrund der enormen Reisetätigkeit auch teuer werden kann. Etwas reduzieren lassen sich die Ausgaben durch Nutzung der Bahncard 100, mit der ansonsten ja eher sichergestellt werden soll, dass keine Reisespuren entstehen. Im Fall des Vortäuschens eines Bewegungsprofils empfiehlt es sich, das zu tun, was bei abgesichertem Reisen mit der Bahncard hochgradig verboten ist: sich online auf dem Bahnportal einen Platz zu reservieren.

Es hat sich als günstig herausgestellt, mindestens drei Wochen vor einem Treffen mit einem Informanten das eigene Bewegungsprofil und somit auch Informantentreffs zu faken. Nicht alle Reisen sollte man mit einer Sitzplatzreservierung vornehmen. Das würde auffallen. Ebenso empfiehlt es sich, nur gelegentlich das Handy auf solchen Reisen einzuschalten, um auch damit Daten für das Bewegungsprofil bewusst zu liefern.

Gute Erfahrungen haben wir damit gemacht, das auf solch einer Fake-Reise drei- bis viermal am Tag zu tun. Den restlichen Tag über bleibt das Smartphone ausgeschaltet, und der Akku wird entfernt. Vollends verwirrt haben wir die uns überwachenden Ermittler während der vergangenen Jahre, wenn wir gleich mehrere Male den gleichen Treffpunkt innerhalb einer Frist von 14 Tagen anliefen. Die Observationstätigkeit hat nach dem dritten oder vierten Mal dann doch jedes Mal deutlich abgenommen.

Bei gefakten Treffs in Hotelzimmern sollte man darauf achten, dieselbe Preiskategorie zu wählen, die man für gewöhnlich auch bei wichtigen Treffs nimmt. Kollegen, die aus Budgetgründen bei gefakten Treffs preiswertere Zimmer reservierten als bei realen Treffs, haben den Überwachern die Arbeit natürlich extrem leicht gemacht. Denn dann lässt sich ein gefakter von einem echten Treff schon per Musterüberwachung differenzieren.

Die Schein-Informanten mit denen Treffs durchgeführt werden, um falsche Daten zu erzeugen, so dass die Überwacher in die Irre geführt werden, dürfen natürlich keine den Ermittlern bekannten Kollegen sein oder Kollegen, deren Identität leicht zu recherchieren ist. Verabredet man in sehr sensiblen Fällen solche Fake-Treffs mit Bekannten, die bei einer Behörde, in einem Unternehmen oder in einer Organisation arbeiten, bei denen man unterstellen kann, dass auch hier gelegentlich Dinge passieren, die Whistleblower an die Medien weiterreichen wollen, so sollte man diese Bekannten auch vorab darüber aufklären, was passieren kann.

Sie können nämlich durch ein solches Fake-Treffen in das Fadenkreuz der Überwacher geraten, seien das nun private oder öffentliche Ermittler. Bekannte, mit denen diese Scheintreffen verabredet werden, sollten also in Sachen Whistleblowing absolut sauber sein. Genau dieser Punkt muss unbedingt mit den Helfern bei solchen Fake-Aktionen vor Beginn der eigentlichen Aktion besprochen werden. In Zweifelsfalle sollte man dann auf ein vorgetäuschtes Treffen natürlich lieber verzichten.

Quo vadis, Informantenschutz?

Zusammenfassung

Der Aufwand für Journalisten, ihre Informanten wirksam vor Enttarnung zu schützen, wird immer größer. Das hat mehrere Ursachen. Zum einen haben Sicherheitsbehörden, Detekteien und andere private Schnüffler massiv aufgerüstet. Zum anderen haben die an der Großen Koalition in Deutschland beteiligten Parteien während der vergangenen Jahre den Datenschutz massiv abgebaut und zudem neue Strafvorschriften geschaffen, um das Zusammenwirken von Informanten und Journalisten zu erschweren. Dem werden wir Journalisten uns stellen müssen.

Schlüsselwörter

Indect · Second Live · Big Data · Inferenzanalyse · Risikoanalyse · Predictive Journalism

Wer die Frage nach künftigen Entwicklungen im Informantenschutz so stellt, wie oben geschehen, will entweder beweisen, dass er bildungsbürgerlich voll drauf ist, oder die Formulierung „Quo vadis" ist als Rückgriff auf den römischen Geschichtsschreiber Livius gedacht, der immer an den Möglichkeiten des Verhinderns interessiert war. Letzteres ist hier auch der Fall. Wir sind ganz außerordentlich daran interessiert, Übergriffe von Sicherheitsbehörden und anderen Schlapphüten auf unsere Informanten und damit auch auf unsere journalistische Arbeit zu verhindern und wollen uns für die Entwicklungen der nächsten Jahre entsprechend rüsten.

Die Vorratsdatenspeicherung mit ihren Methoden zeigt einen deutlichen Trend. Bei Recherchearbeiten und in der Kommunikation mit Whistleblowern müssen Journalisten künftig viel stärker als bisher mit Verschleierungstechniken und Verschlüsselungsmethoden arbeiten. Entsprechende Hardwarelösungen sind bereits ab knapp 60 Euro auf dem Markt. Die Herausforderung wird darin liegen, sich die Techniken und algorithmischen Grundlagen dieser Produkte genau anzuschauen, um einschätzen zu können, vor welchen Ausspähmethoden sie wirklich schützen.

Zunehmende Videoüberwachung ist ein weiterer Trend. Nicht nur die Zahl der installierten Kameras nimmt zu. Die Geräte werden nicht nur kleiner. Es ist auch nicht damit getan, dass die Algorithmen zur Gesichtserkennung immer leistungsstärker werden. Der gesamte öffentliche und Großteile der privaten Räume werden effizient überwacht, und zwar, um das Verhalten der dort lebenden Menschen prognostisch berechnen zu können.

Sogenannte Second-Life-Komplettpakete für die Polizei werden schon heute auf Sicherheitsmessen gezeigt. Unfallrekonstruktionen im Cave genannten Präsentationsraum für Virtuelle Realität zählen für die amerikanische Bundespolizei FBI und die New Yorker Verkehrspolizei schon heute zum Ermittlungsalltag.

Auf sechs Projektionsflächen, den vier Wänden, Fußboden und Decke, werden alle am eigentlichen Unfallort erhobenen Daten als dreidimensionale Szene dargestellt. Die Ermittler können um die Unfallfahrzeuge herumgehen, darunter kriechen, sich sogar in eigens dafür präparierte Modellautos setzen und das dokumentierte Unfallgeschehen aus der Perspektive eines der beteiligten Fahrer nacherleben.

Diese Technik entwickeln neben dem FBI und der National Security Agency auch europäische Sicherheitsbehörden in Zusammenarbeit mit Universitäten und Forschungsinstituten und wollen sie natürlich für Überwachungszwecke nutzen. Das EU-Projekt Indect und seine Nachfolgeprojekte sind da gute Beispiele. Statt einer Unfallszene werden Straßen und öffentliche Plätze wie zum Beispiel der Times Square nahezu in Echtzeit in die Cave geholt.

Die Rohdaten für diese Simulation stammen im derzeitigen Versuchsstadium noch von mehreren hundert Überwachungskameras und anderen Sensoren wie Temperaturfühlern, Feuchtigkeitsmessern, Beschleunigungsmessern sowie akustischen Überwachungsanlagen.

Das Ziel: Jede Straße soll binnen weniger Sekunden zu Überwachungszwecken in die Cave geholt werden. Realistisch wird die Simulation erst durch die flächendeckende Überwachung mit keramiküberzogenen Sensoren auf Piezo-Basis. Die können zum Beispiel als Beschleunigungs- und Schwingsensoren die Daten liefern, mit denen die Vibrationen eines vorbeifahrenden Lastwagens auf der Straße auch vom Ermittler in der Cave direkt am eigenen Körper erfahren werden können.

Agenten der Sicherheitsbehörden sollen sich in der virtuellen Realität buchstäblich an jeden beliebigen Ort beamen können, um dort unbemerkt beschatten oder ermitteln zu können. Das Problem dabei: Die gesamten sensorischen Daten, die Videodaten der Kameras sowie die Audiodaten der akustischen Überwachungssysteme müssen in Echtzeit übermittelt, die Berechnung der Simulation für die Cave darf nur wenige hundert Millisekunden dauern.

Denn wenn der Ermittler oder Agent in der Cave-Simulation an Hand der von den Überwachungskameras gelieferten Bildern sieht, dass ein Terrorist gerade eine Bombe zünden will, muss er Einsatzkräfte vor Ort sofort alarmieren. Eine Verzögerung der Simulation von mehreren Minuten ist da nicht akzeptabel.

Deshalb haben die NSA-Entwickler auf ein Konzept für die Bauwerksüberwachung zurückgegriffen, das vor fünf Jahren an der Eidgenössischen Technischen Hochschule in Zürich entwickelt wurde. Das Bauwerksüberwachungssystem besteht aus vier Modulen: den Sensoren, die die Daten liefern, Prozessoren, die diese Daten bereits vor Ort verdichten, Datenfunk- und faseroptische Systeme für den Datentransport und die Überwachungsrechner in einer Sicherheitszentrale.

Die Überwachungsrechner sind im „Second-Life"-Projekt der US-Sicherheitsbehörden gegen Simulationsrechner ausgetauscht worden. Jede Projektionsfläche wird von einem Rechnercluster mit einer Rechenleistung von 15 Milliarden Gleitkommaoperationen pro Sekunde mit Szenen versorgt. Für die Datenabstimmung zwischen den Projektionsflächen am Fußboden, den vier Cave-Wänden und der Decke ist ein eigener Supercomputer zuständig.

Spezialisierte Renderingfarmen für die Berechnung der dreidimensionalen Szenen im neuen NSA-Rechenzentrum in Bluffdale sollen komplett erfasste Straßenszenen angeblich mit einer Verzögerung von nur wenigen Sekunden auf die Präsentationsflächen der Ermittlungs-Cave geben. Bei den Algorithmen und der Softwarebibliothek haben die Computerwissenschaftler in der NSA-Zentrale in Fort Meade und im Rechenzentrum in Bluffdale auf die Ergebnisse des Fahrenheit-Projektes aus den neunziger Jahren zurückgegriffen.

Das vom Computerhersteller Silicon Graphics und dem Softwareunternehmen Microsoft betriebene Forschungsprojekt zur Entwicklung einer schnellen Schnittstelle für VR-Simulationen war ein wirtschaftlicher Misserfolg und wurde Ende der 1990er Jahre eingestellt.

Doch die dort entwickelten Standards für die schnelle Simulation von Szenen in der virtuellen Realität haben die Computerwissenschaftler in Fort Meade in eigener Regie weiter entwickelt. Weil sie bei der Oberflächendarstellung und dem Reflexionsverhalten Abstriche gemacht haben, konnte die Rechenzeit konventioneller Simulationen um die Hälfte verkürzt werden.

Allerdings erfordert ein Problem noch massive Forschungsanstrengungen: Es stehen in den amerikanischen Großstädten noch nicht genügend Sensoren, Kameras und Überwachungssysteme als Datenquellen zur Verfügung. Und die europäischen Städte sind da auch noch viel zu mickrig ausgestattet. Anfänglich wollten die NSA-Verantwortlichen hier auf Drohnen setzen, doch die sind noch zu auffällig und vor allen Dingen viel zu störanfällig. Die deutschen Sicherheitsbehörden haben hier bereits großes Interesse an einer Kooperation bekundet.

Aber die technischen Grundlagen für das Second Life für Ermittler sind entwickelt und können umgesetzt werden. Brauchen Journalisten bald einen eigenen Maskenbildner, wenn sie aus dem Haus gehen, um sich mit Informanten zu treffen? Auf diese Entwicklungen müssen wir politisch Einfluss nehmen, weil so der Informantenschutz völlig abgeschafft werden kann und mit ihm gleich die Presse- und Meinungsfreiheit insgesamt.

Weitreichende Prognoseverfahren, um „kriminelles Verhalten" rechtzeitig erkennen und verhindern zu können, werden schon heute eingesetzt. Auch hier werden die Inferenz-Algorithmen und die Mustererkennung für die Auswertung massiv weiterentwickelt. Big-Data-Anwendungen spielen dabei eine große Rolle. Und diese Big-Data-Analysen haben den gläsernen Menschen und den berechneten Täter, also auch den gut prognostizierten Journalisten, zum Ziel.

Schauen wir uns einige Einsatzfelder von Big-Data-Analysetechnik einmal an, damit wir wissen, womit wir Journalisten es in den nächsten Jahren zu tun haben werden. Beginnen wir mit einem Anwendungsfall aus der Welt der Geheimdienste. Man sollte auf die National Security Agency auch nicht immer nur schimpfen, denn in einem Fall haben sie Big-Data-Algorithmen sehr professionell eingesetzt, nämlich im Falle der Auseinandersetzung um die Senkaku-Inseln zwischen China und Japan.

Hier streiten sich China und Japan um eine völlig unwirtliche Inselgruppe. Unter dieser Inselgruppe werden Bodenschätze vermutet, ein bisschen Gas, ein bisschen Öl. Und da hat die NSA mit einer prädiktiven Verhaltensanalyse den Japanern geholfen. Die Frage lautete: Müssen wir mit richtig massiven Kriegsschiffen, mit richtig martialischem Auftritt, mit Säbelrasseln und allem Möglichen vor den Senkaku-Inseln auftreten, um China zu beeindrucken?

Nach Auswertung aller Daten auch unstrukturierter Daten, Kommunikationsdaten, die die National Security Agency hatte, die sie an die befreundeten Geheimdienste in Japan weitergegeben hat, kam man zu der Einschätzung: Nein, ihr müsst nicht martialisch auftreten, aber ihr müsst sie ein wenig vorführen. Setzt auf euren Kriegsschiffen die großen Feuerlöscheinrichtungen in Gang, d. h. spritzt die Kriegsschiffe der Chinesen nass. Und dann werden die sich zurücknehmen.

Und das geschah dann auch tatsächlich so wie prognostiziert. Ausgewertet haben die Geheimdienstanalysten dafür den Telefon- und Mailverkehr der beteiligten chinesischen Entscheidungsträger, also Militärs und Politiker, den sie abgehört haben. Außerdem haben sie sämtliche chinesische Medien ausgewertet, die Kommunikation auf den sozialen Medien, Regierungsverlautbarungen und Interviews.

Das war also das Ergebnis einer Big-Data-Analyse Wir haben es hier mit sehr ausgefeilter prädiktiver Verhaltensanalyse zu tun. Es geht dabei um das Verhalten einzelner Menschen. Man kann das herunterbrechen auf das Verhalten von Menschengruppen, man kann das herunterbrechen auf die Strategiesimulation von Militärs, wie im Fall China und Japan, und man kann das herunterbrechen auf das Verhalten von bestimmten Menschengruppen, die sich durch bestimmte soziale Merkmale, durch bestimmte finanzielle Merkmale, durch bestimmte politische Anschauungen, durch bestimmte gesellschaftliche Einschätzungen zu einer bestimmten Kohorte zusammenfassen lassen.

Dafür ist eine Technologie ganz wichtig, oder besser gesagt eine Technik, nämlich die sogenannte In-Memory-Technik. Das heißt, ich brauche Arbeitsspeicher, die mir erlauben, die Auswertungsanalysen, also das, was an allen unstrukturierten Daten hereingekommen ist und nun prädiktiv berechnet und in ein Verhaltensmodell eingepasst werden soll, gleichzeitig zu fahren, während neue Daten in diesen Speicher hineinkommen.

In-Memory-Technik erlaubt uns, dass die gesamte Datenbasis ständig erweitert wird und dass während dieser Erweiterung der Analysebetrieb weiterläuft, also nicht ausgesetzt werden muss. Big-Data-Analysen, die also vorher 48 bis 72 Stunden gebraucht haben, weil zwischendurch immer wieder die Datenbasis angereichert werden musste und dafür der Analyselauf gestoppt werden musste, können jetzt weiterlaufen und wir haben diese Ergebnisse in sechs, vier oder drei Stunden.

Die National Security Agency hat genau dafür in Bluffdale ein Rechenzentrum im Bereich der sogenannten Zeta-Scale Anwendungen gebaut. Das ist eine Trilliarde Bytes, die da verarbeitet werden kann innerhalb von weniger als einer Stunde, eine Trilliarde, zehn hoch einundzwanzig, einundzwanzig Nullen hinter einer Eins. Das sind sehr viele Daten, und zwar nicht nur zum Beispiel von chinesischen Entscheidungsträgern.

Die Datenbasis wird immer größer, die Verarbeitungsgeschwindigkeit steigt dadurch, und es können unstrukturierte Daten einbezogen werden, so dass dann auch die Summe der Verhaltenskriterien sehr viel weiter gefasst werden kann, als das bisher geschehen konnte. Deshalb hat die National Security Agency übrigens auch Bluffdale gebaut und enorm viel Geld in dieses Rechenzentrum investiert, das übrigens noch nicht in der Endausbaustufe ist, weil sie Stromversorgungsprobleme haben. Was sie damit machen wollen?

Die Summe der Verhaltenskriterien die bisher vor allen Dingen bei der Analyse der Metadaten noch einigermaßen plump daher kommt, um Faktor 100 erhöhen und damit die Prognose extrem verfeinern. Bisher sind zum Beispiel die Verhaltenskriterien, um terroristische Aktivitäten ausfindig zu machen, so definiert: Wenn jemand fünf-/sechsmal von seinem Mobiltelefon zu anderen Mobiltelefonen Kontakt aufgenommen hat, sich anschließend auf Google Maps einen bestimmten Ort anschaut, diese Google-Maps-Koordinaten per Mail weiterverschickt an einen Kommunikationspartner, anschließend noch einmal telefoniert, sich daraufhin in einen verschlüsselten Chat hängt und anschließend noch einmal einen Austausch über beispielsweise andere soziale Plattformen, die sich nicht sofort dem Literarsinn nach erschließen lassen, so wie früher ja von den Regierungssendern solche Dinge wie „Onkel Otto hat grüne Socken an" – das sollte den Spion vor der Polizei warnen - weitergetragen wurden. Wenn so etwas passiert, dann haben wir es mit hoher Wahrscheinlichkeit mit terroristischem Verhalten zu tun.

Das Problem ist nun folgendes: Wenn sich zwei völlig unbescholtene Bürger zu einer Fahrradtour verabreden, dann haben die vielleicht zweimal telefoniert. Dann sagen die beiden: Wir starten am Haus der bayerischen Wirtschaft. „Haus der bayerischen Wirtschaft", noch nie gehört, sagt der Kollege aus Schwaben, für den das benachbarte Bayern tiefes Ausland ist. Und er schaut auf Google Maps nach. Anschließend telefonieren die beiden oder chatten kurz miteinander und vereinbaren: „Wir können morgen um 10:00 Uhr starten." Und sie mailen noch mal: „Sie bringen bitte die Ersatzluftpumpe mit und ich das Picknick und dann starten wir hier".

Dann ist für die NSA nach den Verhaltenskriterien ganz klar, die beiden sind hochgradig des Terrorismus verdächtig. Mit Methoden zur Berechnung künftigen Verhaltens wollen Sicherheitsbehörden das auf den Alltag der Bürger ausweiten. Kein Informant hätte dann mehr die Chance, sich einem Journalisten auch nur annähern zu können.

Allerdings haben die US-Schlapphüte natürlich auch gemerkt, dass es so nicht geht, aus diesen Metadaten mit diesen Verhaltenskriterien solche prädiktiven Verhaltensprognosen abzuleiten. Das macht nämlich viel zu viel Arbeit und ist zu ungenau. Es gab auf diese Weise viel zu viele Blindalarme. Deshalb müssen die Verhaltenskriterien deutlich ausgedehnt werden. Bis zum Jahr 2020 wollen die Analytiker laut einer Studie der Forschungsagentur des amerikanischen Verteidigungsministeriums die Algorithmen so weit entwickelt haben, dass sie etwa 1.500 dimensionale Verhaltenskriterien hier ansetzen können.

Das sind dann Big Data Analysen und Simulationsläufe, die brauchen Zeit, die brauchen sehr viele Daten. Und dann müssen sie noch mal berechnet werden, nämlich einfach mit einer ganz trockenen konventionellen statistischen Fehlerberechnung, damit man eine prädiktive Fehlerberechnung hinbekommt und anschließend auch wirklich sagen kann: Ok, hier haben wir beispielsweise eine Verhaltensprognose, aber nach unserer Fehlerberechnung haben wir unter Umständen noch ein Gewichtungsproblem an bestimmten Daten, die eingeflossen sind. Die müssen wir noch mal verfeinern, weil wir jetzt nur mit einer 70-prozentigen Wahrscheinlichkeit nach dieser Fehlerrechnung sagen können, dass dieses Verhalten auch wirklich eintritt.

Im Fall der Big-Data-Analyse für die politische Strategieberatung in Sachen Senkaku-Inseln hatte die NSA bis zum Jahr 2014 die Nase vorn. Und das lag ausschließlich an der Technologie der Vorhersage, an den Inferenz-Algorithmen.

Big-Data-Analysen beruhen zunächst einmal auf Algorithmen, die unstrukturierte und strukturierte Daten zusammenbringen und aus denen ein geschichtliches Verhalten von Menschen erkannt und in ein Modell geschrieben werden kann. Es kann also algorithmisch ausgewertet werden, was die Muster sind, nach denen sich die führenden chinesischen Militärs und die Politiker des Zentralkomitees der Kommunistischen Partei Chinas oder das Kabinett Obama verhalten. Damit aber ein Geheimdienst oder eben auch ein Unternehmen damit arbeiten kann, wie sich bestimmte Menschen oder Menschengruppen morgen verhalten, brauchen sie eine Simulation.

Solche Verhaltenssimulationen werden im Supercomputer-Zentrum der NSA auf der Grundlage linearer Gleichungssysteme gerechnet. Die Daten für diese linearen Gleichungen, die eingefüttert werden müssen, damit zum Beispiel die NSA sie entsprechend berechnen und lösen kann, kommen aus den unstrukturierten und strukturierten Daten der Big Data Analysen, die aus Social Media, aus Metadaten-Analysen und ähnlichem diese Daten gewinnen.

Die Gleichungssysteme, die von der NSA für diese Algorithmik eingesetzt werden, bestehen aus neun bis elf Millionen linearer Gleichungen. Mehr lässt sich derzeit weder in Fort Meade noch in Bluffdale realisieren, weil im Rahmen der politischen Strategieberatung nur Rechenzeitungen bis zu 36 Stunden möglich sind. Dann muss ein Strategiekonzept durchsimuliert sein.

Auf dem chinesischen Supercomputer Tianhe 2 werden für Menschen, deren Verhalten man berechnen will, so über den Daumen gepeilt zwischen 15 und 18 Millionen lineare Gleichungen gelöst. Und in diesen linearen Gleichungen liegt unser Verhalten. Deshalb sind die prädiktiven Verhaltensanalysen, die gegenwärtig von chinesischen Analysten geliefert werden, auch sehr viel präziser als die Prognosen ihrer amerikanischen Kollegen.

Und dann kommt Ruibu Wang, den Peter Welchering 2014 auf einer Supercomputerkonferenz treffen konnte, und der dessen Verhalten mal berechnet hat, zu erstaunlich präzisen Vorhersagen des Verhaltens zum Beispiel von Peter Welchering. Professor Wang konnte wirklich sagen, was Peter Welchering am nächsten Tag tun würde, und das mit einer prädiktiven Fehlerberechnung, die ihm fast keine Möglichkeit mehr gegeben hat, sich wirklich anders zu verhalten. Daraus ergeben sich natürlich einige Fragen. Eine dieser Fragen lautet, wie weit wir einer Ausweitung der Datenbasis hier zustimmen wollen. Wollen wir sie irgendwie begrenzen? Das ist eine politische Frage, die wir uns stellen müssen. Das ist übrigens eine Frage, die die Bundesregierung konsequent seit mehreren Jahrzehnten ablehnt zu diskutieren.

Dabei ist es egal, welche Farbe gerade dahinter steckt. Wir müssen uns klar machen, dass wir es hier immer mit einem erkenntnistheoretischen Vorbehalt zu tun haben. Wann immer Big-Data-Anbieter auf mich zukommen und sagen: Ja, wir können eine Verhaltensprognose abgeben, endlich, oder vor allem wenn Sicherheitsbehörden das tun, vor dem Täter am Tatort sein. Dann müssen wir ihnen sagen: Ja, aber auf welcher Grundlage könnt ihr denn eine Verhaltensprognose wirklich abgeben. Es sind Inferenzen, es sind statistische Wahrscheinlichkeiten. Mehr nicht. Nur statistische Wahrscheinlichkeiten.

Dazu hat Prof. Günter Müller aus Freiburg mal den schönen Satz geprägt: Im Prinzip geht es eigentlich darum, dass auch Geheimdienste nach dem Grundsatz verfahren, wer grüne Socken trägt, isst auch gerne Schnitzel.

Darum geht es. Das ist genau die prädiktive Verhaltensanalyse, und auf diesem Niveau findet das Ganze auch statt. Denn es handelt sich immer nur um Wahrscheinlichkeitsrechnungen. Nicht um mehr. Und das müssen wir uns klar machen.

Wenn Sicherheitsvertreter, wenn Big-Data-Anwender und -Anbieter, wenn Entwickler von Algorithmen auftreten und sagen: Wir können mit Big Data tatsächlich die Zukunft vorhersagen, wir haben es jetzt endlich geschafft, die Kristallkugel in Algorithmen zu bringen. Was machen wir dann mit einer solchen Aussage?

Zunächst einmal müssen wir sagen: Sie haben nicht ganz unrecht. Sie können mit einer guten statistischen Wahrscheinlichkeitsrechnung tatsächlich und mit einer guten Fehlerberechnung in einem sehr großen Maße bestimmte Verhaltensmuster simulieren und dann aus einer Simulationsanalyse errechnen, wie sich jemand verhält.

An welcher Geschichte ein Journalist demnächst arbeiten wird, kann damit kann ziemlich präzise prognostiziert werden. Genauso präzise kann die Vorhersage erfolgen, welche Recherchen er dafür durchführen wird. Wo bleibt da noch Platz für einen effektiven Informantenschutz?

Wer grüne Socken trägt, isst gerne Schnitzel. Mehr kann dazu also eigentlich gar nicht gesagt werden. Und auf dieser Ebene werden dann plötzlich Menschen in potenzielle Straftäter, hochrisikobelastete Autofahrer und staats- oder unternehmensgefährdende Journalisten eingeteilt.

Predictive journalism, statt predictive policing wird zur massiven Gefahr werden. Das gilt für die Presse- und Meinungsfreiheit. Das gilt vor allen Dingen aber auch für den Informantenschutz. Wenn das Verhalten von Journalisten auf Grundlage ihrer bisherigen Verhaltensdaten berechnet wird, ist der bisherige Journalismus mit seiner Wächterfunktion abgeschafft - Whistleblower inklusive.

Bleiben wir zunächst einmal beim sogenannten „predicitive policing", Prognose-Software auf der Grundlage der Algorithmen zur prädiktiven Verhaltensanalyse soll Straftaten verhindern. Das ist ja ein alter Traum der Kriminalisten: Wissen, wann ein Mensch wo ein Verbrechen begehen wird, um ihn daran zu hindern. Ein halbes Dutzend Softwarehersteller versprechen, dass die Polizei genau das mit ihrer Software berechnen kann.

In München und Nürnberg laufen seit Oktober 2014 Pilotversuche mit dem Programm „Precobs", das die Wahrscheinlichkeit von Wohnungseinbrüchen für bestimmte Stadtviertel und Straßen berechnet. In Nordrhein-Westfalen, Niedersachsen und Berlin soll eine solche Software zur Prognose von Straftaten demnächst flächendeckend eingeführt werden. Das Bundeskriminalamt testet eine Software namens „Content Analytics" in Kombination mit verschiedenen Geoinformationssystemen.

Precobs in München wertet zum Beispiel die polizeilichen Berichte über Wohnungseinbrüche aus und berechnet sogenannte Tatmuster und deren Wahrscheinlichkeiten. Die Ergebnisse dieser Big-Data-Analyse fließen in die Dienstpläne der Streifen ein. Stellen die Precobs-Analysten in einer bestimmten Straße eine erhöhte Einbruchwahrscheinlichkeit fest, lassen sie dort des Öfteren Streifen vorbeifahren.

Allerdings geben die Analysten die errechneten Prognosen nicht einfach direkt an die Streifenplaner weiter. Die Precobs-Operatoren müssen die Berechnungergebnisse hinterfragen. Erfahrung und Intuition der Polizisten sollen in München dadurch gerade nicht ersetzt werden.

Das sehen Polizisten in anderen Ländern durchaus anders. In Los Angeles zum Beispiel fließen die Berechnungsergebnisse der Prognosesoftware Predpol eins zu eins an die Dienstplaner weiter – mit bemerkenswerten Folgen. So passierte vor einiger Zeit in Gebieten mit starker Polizeipräsenz nichts, kein einziger Einbruch.

Allerdings wurde zeitgleich ein Villenviertel regelrecht leer geräumt, für das Predpol eine äußerst geringe Einbruchwahrscheinlichkeit berechnet hatte. Sofort kam der Verdacht auf, dass die organisierte Kriminalität sich in die Polizeiserver gehackt und Predpol manipuliert habe.

Doch Sicherheitsexperten haben eine andere Erklärung. Das Einbruchskartell habe für die Prognosesoftware irreführende Daten erzeugt. Während in München nur die Einbruchsdaten aus den Polizeiberichten für die Prognose verwendet werden, greifen die Predpol-Sachbearbeiter in Los Angeles auch auf Wetterdaten, Verbindungsdaten aus dem Mobilfunk und Daten aus dem KFZ-Scanning zurück.

Wird zum Beispiel verstärkt von Handys mit Prepaid-Karten telefoniert oder gesimst und fahren öfter als sonst Lieferwagen mit ausländischen KFZ-Kennzeichen oder denen anderer Bundesstaaten durch Wohnviertel, errechnet Predpol eine stärkere Einbruchswahrscheinlichkeit. Das können Kriminelle leicht ausnutzen und solche Daten gezielt erzeugen, um von ihrem Operationsgebiet abzulenken – und das haben sie denn auch getan in Los Angeles.

Dann ist die Prognosesoftware nutzlos, entfaltet sogar kontraproduktive Wirkung. Deshalb hat man sich in München dazu entschlossen, ausschließlich sogenannte polizeiliche Vorgangsdaten für die Berechnung der Wahrscheinlichkeiten zu verwenden und keine externen Daten.

Kritisiert wird außerdem, dass amerikanische und britische Sicherheitsbehörden Daten aus der Massenüberwachung, wie dem KFZ-Scanning oder Verbindungsaufzeichnungen im Mobilfunk und im Internet in die Prognosesysteme einspeisen. Werden dann noch Personenprofile erstellt, schrillen bei den Datenschützern die Alarmglocken.

So hat die britische Polizei Rückfälligkeitsprognosen von verurteilten Gang-Mitgliedern mit solcher Vorhersagesoftware berechnen lassen. Vor einem halben Jahr konnten wir eine interessante Diskussion in Großbritannien verfolgen. Sie ist allerdings sehr schnell aus der Öffentlichkeit in die Hinterzimmer der Sicherheitspolitiker verlagert worden. Die politisch Verantwortlichen haben festgestellt, dass eine öffentliche Diskussion dieser „Sicherheitsprognosen" ihre Einführung erschweren bis verunmöglichen würde.

Die zweite Stufe zum predictive journalism haben wir da längst genommen. Die Metropolitan Police in London setzt neben Predpol eine Content-Analytics-Software ein, um die Wahrscheinlichkeit sogenannter „islamistischer Gefährder" zu berechnen. Ergaben sich für das Profil Einzelner eine hohe Wahrscheinlichkeit, dass sie einen Terroranschlag in Erwägung ziehen könnten, wurden sie stärker überwacht und auch von Mitarbeitern des Inlandsnachrichtendienstes angesprochen.

Das sei, fanden einige Tory-Politiker, zu wenig. Man müsse neue Formen entwickeln, mit solchen Gefährdern umzugehen. Und tatsächlich wurden von elektronischen Fußfesseln bis zu Internierungslagern Vorschläge ins Spiel gebracht, an deren Vereinbarkeit mit rechtsstaatlichen Prinzipien zumindest gezweifelt werden kann.

Auch die Polizei in Chicago nutzt eine Prognosesoftware, um Wahrscheinlichkeitswerte bestimmter Straftaten für einzelne Menschen zu errechnen. Wer auf diese Weise als potenzieller Straftäter identifiziert wurde, landet auf einer sogenannten „heißen Liste" und wird von speziell geschulten Beamten angesprochen und betreut.

Auf der Konferenz über „critical communications" im Frühjahr 2016 in Amsterdam hat ein Analytiker des Militärischen Geheimdienstes erläutert, wie schnell und einfach mit diesen Mitteln berechnet werden kann, welche Journalisten wann eine für das Verteidigungsministerium unliebsame Berichterstattung planen. Auf diese Kollegen könne dann gesprächsweise zugegangen werden, meinte der Militär-Analytiker und fügte mit einem verschmitzten Lächeln hinzu: streng rechtsstaatlich natürlich.

Welche Regierungsmitarbeiter zu Whistleblowern werden darüber lässt die US-Regierung schon heute Wahrscheinlichkeitsrechnungen anstellen. Eine Menge an Verhaltensdaten bildet die Berechnungsgrundlage für diese Inferenzen. Und um die dann ermittelten potenziellen Whistleblower kümmern sich Mitarbeiter eines eigens gegründeten Betreuungsstabes. Das machen die übrigens erst nach den Enthüllungen von Edward Snowden.

Pionier auf dem Gebiet der polizeilichen Vorhersagesoftware war der amerikanische Computerkonzern IBM. IBM profitierte dabei ganz direkt von den Ergebnissen prädiktiver Analysen im Open Computerlab des Cern, an dem IBM-Wissenschaftler mitwirkten.

Die erste für Prognosezwecke entwickelte Software von Big Blue wurde von der Polizei im amerikanischen Memphis eingesetzt, um Tatorte und Tatzeitpunkte vorhersagen zu können. Die Blue Crush genannte Software basierte im Wesentlichen auf dem Statistikprogramm SPSS und einem Geoinformationssystem. Seitdem hat IBM mit ihrem Programm „Content Analytics" Algorithmen für Big-Data-Analysen zur Prognose von Straftaten entwickelt, die auch vom BKA intensiv getestet werden.

Die Prognosesoftware Predpol entstand aus Algorithmen für die Erdbebenwarnung. Sie wird gemeinsam von der Polizeibehörde in Los Angeles mit kalifornischen Universitäten entwickelt. Predpol wurde von der Metropolitan Police in London dann ganz wesentlich weiter entwickelt, und zwar in Zusammenarbeit mit der Beratungsfirma Accenture zur Prognose von ganz unterschiedlichen Straftaten.

Den Kriminalisten interessieren die Tatumstände, die Prognosesoftware benötigt Daten über das Verhalten der Kriminellen vor und während der Tat. Telefonieren sie überwiegend mit Handys, die eine Prepaid-Karte haben? Schicken die Kriminellen einander SMS? Schauen sie sich von bestimmten Internet-Protokolladressen aus die künftigen Tatorte in Streetview an? Schlagen sie insbesondere zu, während gerade eine Großveranstaltung in der Stadt läuft, weil viele Menschen dann vermutlich nicht zu Hause sind?

Die Prognosesoftware wertet solche Begleitumstände früherer Straftaten aus, ermittelt regelrechte Verhaltensmuster und berechnet im Vergleich zu diesen Verhaltensmustern Wahrscheinlichkeitswerte für künftiges Verhalten. Solche Wahrscheinlichkeiten können dann auf Grundlage dieser Muster für bestimmte Orte und Zeiten oder auch für einzelne Personen berechnet werden.

Um Kriminalprävention ging es auch bei den Indect-Forschungsprogrammen bis Anfang 2014. Peter Welchering aus unserem Rechercheverbund-T konnte 2012 und 2013 mehrere Labors besuchen, vor allen Dingen auch bei beteiligten Instituten in Polen

Das Indect-Projekt das die Europäische Union aufgelegt hat, geht davon aus, dass man Verhaltensmodelle berechnet und diese Verhaltensmodelle dann mit dem wirklichen Verhalten von Menschen ständig abgleicht. Das heißt, die Videokameras, die auf Bahnhöfen, auf Flughäfen, in anderen Bereichen hängen, werten aus, ob ein riskantes Verhalten von Menschen vorliegt.

Ein konkretes Szenario: Jemand tritt an eine Bahnsteigkante, tritt dort mal zurück, bekreuzigt sich, tritt wieder an die Bahnsteigkante. Da ist eine hohe Suizidgefahr gegeben und es muss eingegriffen werden. Jemand lässt einen Rucksack auf einem Bahnhof stehen und geht behänden Schrittes davon.

Es gibt ungefähr drei Dutzend solcher Verhaltensmodelle, mit denen man etwas anfangen kann. Und es geht weiter. Mit Verhaltensmodellen beispielsweise, die die

Mimik eines Menschen auswerten, die seine Laufwege auswerten. Normalerweise läuft man direkt vom Fahrkartenschalter ohne Umwege zum Bahnsteig. Wenn die Kamera aufzeichnet, dass ein Mensch genau dies nicht tut, dann legt er nach der in einigen Indect-Projekten entwickelten Analysemodellen ein abnormes Verhalten an den Tag. Dann ist er verdächtig.

Wenn solche Verhaltensprognosen erstellt werden, dann tritt der Dual Use dieser Big-Data-Methoden deutlich zum Vorschein. Auf dieser Basis werden heute erst wenige Journalisten zu berechneten Tätern. Aber die Zeiten ändern sich.

Bei den Informanten sieht das schon etwas anders aus. Hier investieren Regierungen erheblich viel Rechenzeit, um prognostizieren zu können, wer demnächst mit hoher Wahrscheinlichkeit zum Whistleblower werden könnte. Inzwischen haben sich Regierungs- und Unternehmensberater auch diesem Feld der Risikoanalyse zugewandt. Sie kombinieren die Methode der Risikoberechnung von Journalisten und Mitarbeitern, die zu Whistleblowern werden können, mit konkreten Umfeldanalysen und können so berechnen, mit welcher Wahrscheinlichkeit ein bestimmter Whistleblower mit einem bestimmten Journalisten Kontakt aufnehmen kann.

Dabei handelt es sich um eine Weiterentwicklung derjenigen Big-Data-Algorithmen, mit denen Banken nicht nur die Kreditwürdigkeit ihrer Kunden berechnen, sondern mit denen sie auch die Wahrscheinlichkeit einer Insolvenz so zeitig erkennen können, dass sie diesen Kunden loswerden können. So hat die Chase Manhattan Bank herausgefunden, was die Frühindikatoren einer solchen drohenden Insolvenz sind.

Die Frühindikatoren waren einfach ein bestimmtes Zahlungsverhalten. Beispielsweise wenn Kunden der Chase Manhattan Bank öfter und mehr mit der Kreditkarte bezahlen, also an einem längeren Zahlungsziel interessiert sind, und wenn sie gleichzeitig von ihrem früheren Einkaufsniveau herunterkommen, also nicht mehr den Anzug für 1.300 Euro, sondern den für 400 Euro kaufen.

Dann sagt die Chase Manhattan Bank: Mensch, wir müssen mal mit den Kunden sprechen, und zwar mit dem Ziel, ihn loszuwerden, denn er droht insolvent zu werden.

Ein zweites Kriterium, das auf diese Weise durch Durchforstung, durch Auswertung und durch prädiktive Analyse sehr schnell bei der Chase Manhattan Bank herausgefunden wurde, war die Scheidungswahrscheinlichkeit. Die sollte dringend ermittelt werden, denn wenn Menschen sich scheiden lassen, dann droht ihnen anschließend nicht nur finanzielle Schwierigkeit, sondern häufig auch die Insolvenz im Zuge der entsprechenden Scheidungsauseinandersetzungen.

Wie erkennt man nun dass Menschen sich scheiden lassen wollen? Da gibt es in unseren Tagen viele Möglichkeiten, das über soziale Medien herauszubekommen. Die hatte die Chase Manhattan Bank noch nicht. Die Chase Manhattan Bank hat aber herausgefunden, und das geht wiederum auch per Kassenzettel und Kreditkartenabrechnungen, dass die Wahrscheinlichkeit, dass ein Ehepaar sich scheiden lassen will, dann rapide ansteigt, und das kann auch mit einer guten Inferenzanalyse nachvollzogen werden, wenn die Frau ihren Schmuck selbst kauft und bezahlt.

Eine hochgradig sinnvolle Big-Data-Anwendung in den Augen der Bank. Die Formel dafür war übrigens sehr einfach gestrickt: $f(t) = (1\text{-}P) \cdot \delta(t) + P \cdot f(t|t>0)$

Mit dieser Formel ist die Scheidungsanfälligkeit von Frauen, die ihren Schmuck selbst kaufen, von der Chase Manhattan Bank berechnet worden.

Inzwischen hat sich die Risikoformel ein wenig geändert:

$$f(t|x) = (1\text{-}P(X)) \cdot \delta(t) + P(x) \cdot f(t|t>0,x)$$

Sie ist komplexer geworden Die Risikoformel hat sich verfeinert. Es sind beispielsweise zusätzliche Daten aus den gesamten Social Media Plattformen, Twitter, Facebook, usw., wie wir sie alle kennen, eingeflossen. Und es werden noch mehr Daten hinzukommen.

Soll also künftig ein Sicherheitsbeamter per Simulation und virtueller Realität eine ganze Redaktion überwachen können? Sollen Whistleblower mit verfeinerten forensischen Methoden enttarnt werden, damit sie wegen Geheimnisverrats vor Gericht gestellt werden können, oder braucht die Gesellschaft auch die Möglichkeit, dass auch anonym auf Missstände aufmerksam gemacht werden kann?

Der gesellschaftliche Diskurs über solche Fragen beginnt gerade erst. Und dass es hier um teilweise extrem komplexe technische Methoden und Abläufe geht, macht die Sache nicht einfacher. Aber eines ist dabei völlig klar: Wenn wir Journalisten den Schutz unserer Informanten nicht endlich auch als berufspolitische Aufgabe begreifen, werden wir in einigen Jahren unsere Wächterfunktion nicht mehr wahrnehmen können, weil uns dann die Whistleblower abhanden gekommen sind.

The manufacturer's authorised representative in the EU is Springer Nature Customer Service Centre GmbH, Europaplatz 3, 69115 Heidelberg, Germany. If you have any concerns regarding our products, please contact ProductSafety@springernature.com

Printed and bound by CPI Group (UK) Ltd, Croydon, CR0 4YY

25/03/2026

02078188-0013